古典文獻研究輯刊

三四編

潘美月・杜潔祥 主編

第41冊

肩水金關漢簡分類校注
（第四冊）

王錦城 著

國家圖書館出版品預行編目資料

肩水金關漢簡分類校注（第四冊）／王錦城 著 -- 初版 -- 新
北市：花木蘭文化事業有限公司，2022〔民111〕
目 2+166 面；19×26 公分
（古典文獻研究輯刊 三四編；第 41 冊）
ISBN 978-986-518-896-2（精裝）
1.CST：居延漢簡 2.CST：簡牘文字
011.08 110022688

ISBN-978-986-518-896-2

古典文獻研究輯刊
三四編 第四一冊 ISBN：978-986-518-896-2

肩水金關漢簡分類校注（第四冊）

作　　者 王錦城
主　　編 潘美月、杜潔祥
總 編 輯 杜潔祥
副總編輯 楊嘉樂
編輯主任 許郁翎
編　　輯 張雅淋、潘玟靜、劉子瑄　美術編輯　陳逸婷
出　　版 花木蘭文化事業有限公司
發 行 人 高小娟
聯絡地址 235 新北市中和區中安街七二號十三樓
　　　　　電話：02-2923-1455／傳真：02-2923-1452
網　　址 http://www.huamulan.tw 信箱 service@huamulans.com
印　　刷 普羅文化出版廣告事業
初　　版 2022 年 3 月
定　　價 三四編 51 冊（精裝）台幣 130,000 元

肩水金關漢簡分類校注
（第四冊）

王錦城　著

目

次

第四冊

肩水金關 H1

神爵三年六月己巳朔乙亥〔1〕，司空佐安世〔2〕敢言之：復作大男呂異人〔3〕，
故巍郡蘩陽〔4〕明里〔5〕，迺神爵元年十一月庚午〔6〕，坐傷人論。會二年二月
甲辰赦令，復作縣官一歲三月廿九日。・三月辛未，
罰作〔7〕盡神爵三年四月丁亥〔8〕，凡已作一歲一月十八日，未備〔9〕二月十
一日，以詔書入錢贖罪，免為庶人，謹為偃檢封入居延，謁移過所

73EJH1：3A

之伏居延令地從子平元長伏為地為地伏元子　　　　　　73EJH1：3B

【校釋】

A 面第一行「巍」原作「魏」，高一致（2016B）、黃艷萍（2016B，139 頁）、
（2018，137 頁）認為應釋「巍」。今按，該字作 形，據字形確當為「巍」。
又「蘩」原作「繁」，黃艷萍（2016B，139 頁）、（2018，137 頁）釋。

【集注】

〔1〕神爵三年六月己巳朔乙亥：神爵，漢宣帝劉詢年號。據徐錫祺（1997，1565
　　　頁），神爵三年六月乙亥即公曆公元前 59 年 7 月 8 日。

〔2〕安世：人名，為司空佐。

〔3〕呂異人：人名，為申請傳者。

〔4〕蘩陽：即繁陽，據《漢書・地理志》，繁陽為魏郡屬縣。

〔5〕明里：里名，屬繁陽縣。

〔6〕神爵元年十一月庚午：據徐錫祺（1997，1562 頁），神爵元年十一月戊申朔，
　　　二十三日庚午，為公曆公元前 60 年 1 月 9 日。

〔7〕罰作：吳榮曾（1995，269 頁）：漢代還有罰作之刑，如《史記・馮唐傳》記雲
　　　中守魏尚，「坐上首功首虜差六級」，文帝「削其爵，罰作之」。罰作和復作僅
　　　一字之差，《漢舊儀》說兩者的差別在於犯人性別，男稱罰作，女稱復作。今
　　　據《漢書》及漢簡材料，知道這種說法是錯誤的。現在看來，復作是一年刑，
　　　短的也可以是三個月。而罰作就是罰勞役，其期限似較靈活。

　　　　徐世虹（1999，98 頁）：從手段和性質上看，適就是罰作勞役，與罰作義
　　　同。由此看來，適也許是適罰作的略語，或適與罰作為一事二名。且以其距離
　　　不定、實施靈活推測，適（罰作）可能是法外懲罰手段，而非法定勞役刑正刑。

　　　　張建國（2006，599 頁）：罰作是一種普通的罰役，在漢代的大部分時間

－731－

不屬於刑的範圍，在這個意義上嚴格講應稱作勞役罰而不是勞役刑。被罰者身份仍為民而不屬於刑徒，針對的是輕罪或者某種過錯，或者是決定給予一種輕罰時才使用。可以適用於男女兩性，也就是說罰的對象是男子叫做罰作，對象是女子也叫做罰作。其服役期大概在一年到數月。

今按，諸說多是。從該簡來看，刑犯遇赦令後為復作，在縣官繼續服役，但不知何故，約 1 月後其又為罰作繼續服役，罰作的期限較前復作期限縮短，這樣罰作結束後尚有復作的 2 月 11 日未服役。該簡「罰」字殘缺，亦或釋字有誤，暫存疑待考。

〔8〕神爵三年四月丁亥：據徐錫祺（1997，1565 頁），神爵三年四月丁亥即公曆公元前 59 年 5 月 21 日。

〔9〕未備：「備」為完成，完備義，如《詩·小雅·楚茨》：「禮儀既備，鐘鼓既戒。」「未備」即未完成。

發所棄之草中，□愚不知匿所在，今元知所為長卿侍□
……拜……   73EJH1：6A
進主荽校長〔1〕   73EJH1：6B

【集注】

〔1〕主荽校長：「校長」當指士卒一隊之長。《漢書·彭越傳》：「於是越謝曰：『臣老，諸君強以為長。今期而多後，不可盡誅，誅最後者一人。』令校長斬之。」顏師古注：「一校之長也。」主荽校長蓋指主管荽草的校長。

它人唯子長留意留意，延壽〔1〕伏地言   73EJH1：9

【集注】

〔1〕延壽：人名，為致信者。

□   孫子卿
□□□□   孫子卿
          □□□   73EJH1：10A
□   73EJH1：10B

安行丞事，真官到，有代，罷，如律令。   ☑   73EJH1：13+61

【校釋】

　　姚磊（2016D4）綴。

本始五年二月己亥朔戊申〔1〕，尉史幸〔2〕敢言之☑
☑偕。案，賢〔3〕等年爵如書，毋徵事，當為傳，謁移過☑
二月戊申，西華〔4〕長遣〔5〕移所縣邑侯國，如律☑　　　　73EJH1：14

【集注】

〔1〕本始五年二月己亥朔戊申：本始，漢宣帝劉詢年號，本始四年改元地節。本始
　　五年即地節元年，據徐錫祺（1997，1545 頁），地節元年二月戊申即公曆公元
　　前 69 年 4 月 4 日。

〔2〕幸：人名，為尉史。

〔3〕賢：人名，為申請傳者。

〔4〕西華：鄭威（2015，228 頁）：簡文之西華邑屬汝南郡，而西華縣屬淮陽郡。
　　按《漢志》無淮陽郡，僅有淮陽國，在汝南郡以北。淮陽國在漢初置廢較為頻
　　繁，景帝三年（前 154）國除後，長期為郡，至宣帝元康三年（前 63）復置國。
　　考之輿圖，汝南郡之西華縣距淮陽國頗近，在元康三年淮陽置國之前，當屬淮
　　陽郡所有。這說明元康三年淮陽置國後，較之淮陽郡，政區有所調整，西華歸
　　汝南郡管轄。

　　　　今按，說是。西華為汝南郡屬縣。《漢書·地理志上》：「西華，莽曰華望。」
　　但據漢簡，其曾屬淮陽郡。

〔5〕遣：人名，為西華縣長。

置〔1〕伏地再拜　　☑
子卿足……幸甚☑☑☑☑☑　　　　　　　　73EJH1：15A
子卿　　☑　　　　　　　　　　　　　　　73EJH1：15B

　【集注】

　　〔1〕置：人名，為致信者。

昭〔2〕伏地再拜　　☑　　　　　　　　　　73EJH1：22A
夫人御者☑☑　　　　　　　　　　　　　　73EJH1：22B

【集注】

〔1〕昭：人名，為致信者。

☑□主五大夫子，長者為王次□☑　　　　　　　　　　73EJH1：24

☑□耳賊斬髮，皆完為城旦〔1〕　　　　　　　　　　73EJH1：28

【集注】

〔1〕完為城旦：羅振玉、王國維（1993，123 頁）：完為城旦者，《漢書·刑法志》
云：「諸當完者（臣瓚曰「完」當作「髡」是也），完為城旦舂。」應劭曰：「城
旦，旦起治城也。」（見《惠帝紀》注）凡被此刑者，其人即謂之完城旦。近
歲所出漢墓磚，多云某郡某縣完城旦某，其證也。

徐世虹（1999，91 頁）：總結髡、完、耐三者的關係，可知它們雖然都是
恥辱刑，但有明顯不同。髡刑是將犯人毛髮鬢鬚全部剃去，象徵的恥辱最重。
完刑是對犯人不加肉刑，並全部保留其毛髮鬢鬚。耐刑則是剃去犯人的鬢鬚。

李均明（2011D，36 頁）：完為城旦舂，徒刑城旦舂而不附加肉刑者，與
黥為城旦舂相對應，為城旦舂刑之最輕者，是常見徒刑刑種……凡城旦舂之不
施肉刑者皆稱「完」，指保存犯者完整體膚，但尚須施以剃鬢鬚之恥辱刑，以
樹立罪犯之形象標誌。《漢書·惠帝紀》：「民年七十以上若不滿十歲有罪當刑
者，皆完之。」孟康注：「不加肉刑，髡鬢也。」《說文》段玉裁注：「髡者，
剃髮也。不剃髮，僅去其鬢曰耐，亦曰完。」是說「完」即「耐」。

今按，「完」又作「耐」，指剃去鬢鬚。完為城旦者，是徒刑城旦附加剃去
鬢鬚的恥辱刑。李均明所說甚是。王國維認為《漢書·刑法志》臣瓚「完」當
作「髡」的說法是正確的，恐不妥當，髡為剃去頭髮，和剃去鬢鬚有所不同。

緩急□如□有急□☑
□聞賓緩急家室☑　　　　　　　　　　　　　　　　73EJH1：31A
充〔1〕再拜　　☑　　　　　　　　　　　　　　　　73EJH1：31B

【集注】

〔1〕充：人名，為致信者。

☑□　甲寅食時☑　　　　　　　　　　　　　　　　73EJH1：36

奏　☐　　　　　　　　　　　　　　　73EJH1：37

【校釋】

　　原釋文「奏」後尚有一「☐」符號，從圖版來看，其當為右邊一行文字的筆畫，據刪。

☐☐少史建德〔1〕下御史，承書從事，從今箭封印〔2〕出，下當用者

　　　　　　　　　　　　　　　　　73EJH1：40

【集注】

〔1〕建德：人名，為少史。

〔2〕箭封印：《漢書·趙廣漢》：「又教吏為缿箭，及得投書，削其主名，而託以為豪桀大姓子弟所言。」顏師古注引蘇林曰：「缿音相，如瓶，可受投書。」注引孟康曰：「箭，竹箭也，如今官受密事箭也。」顏師古曰：「缿，若今盛錢臧瓶，為小孔，可入而不可出。或缿或箭，皆為此制，而用受書，今投於其中也。箭音同。」據此「箭」為竹筒，可作成儲錢罐一樣的形制，只可入不可出，用以投書其中，起到保密的作用。因此該簡「箭封印」應當是指將文書裝入竹筒中再加以封印。

報治所，敢言☐　　　　　　　　　　73EJH1：43

恕謂久氏子，何為如此☐　　　　　　73EJH1：46

☐錢若即不予建〔1〕，建今　　　　　73EJH1：48

【集注】

〔1〕建：人名。

☐☐有白報　　　　　　　　　　　　73EJH1：53

☐神爵二年☐☐　　　　　　　　　　73EJH1：55

湯〔1〕伏地再拜報　　☐　　　　　　73EJH1：60

【集注】

〔1〕湯：人名，為致信者。

☐前迫逐表火　　　　　　　　　　　73EJH1：63A

☑□水　　　　　　　　　　　　　　　　　　　73EJH1：63B

□伏地再拜……☑
長孫□□屬見不敢眾辭，死罪死罪，叩頭言陽☑　　73EJH1：69+73EJF3：286

【校釋】

　　　雷海龍（2017，91頁）綴。

☑當出內卒，卒至□☑　　　　　　　　　　　　73EJH1：73A
☑□過，幸甚幸甚☑　　　　　　　　　　　　　73EJH1：73B
☑□鄴捐之，願卒厚意□☑
☑□□□□□☑　　　　　　　　　　　　　　　　73EJH1：78
☑□□　□伏地　☑　　　　　　　　　　　　　73EJH1：79A
☑□□□　☑　　　　　　　　　　　　　　　　73EJH1：79B

富昌〔1〕叩頭請☑
……☑　　　　　　　　　　　　　　　　　　　73EJH1：80A
士吏吳卿在□☑　　　　　　　　　　　　　　　73EJH1：80B

【集注】

　　〔1〕富昌：人名，為致信者。

☑□令史為君用　☑　　　　　　　　　　　　　73EJH1：81A
☑……　☑
☑未宿詣亭　☑　　　　　　　　　　　　　　　73EJH1：81B
☑見，謹道☑　　　　　　　　　　　　　　　　73EJH1：82A
☑其人□☑　　　　　　　　　　　　　　　　　73EJH1：82B

肩水金關 H2

☑□□□所占遣亭長宣□歸，書到，以安世〔1〕付宣□方關大守府
　　　　　　　　　　　　　　　　　　　　　　73EJH2：4

【集注】

　　〔1〕安世：人名。

三月辛巳，溫丞湯〔1〕謁移過所縣邑侯國，如律令。掾輔〔2〕、令史☑

73EJH2：5A

河內溫丞印　　☑

73EJH2：5B

【集注】

〔1〕湯：人名，為溫縣丞。

〔2〕輔：人名，為掾。

☑□願以令取致籍，遺猛〔1〕衣用，唯廷移卅井縣索、金關，出入，敢言之。

73EJH2：6+26

【校釋】

何有祖（2016C）綴。

【集注】

〔1〕猛：人名。

張掖大守延年〔1〕、肩水倉長湯〔2〕兼行丞事，謂觻得以為駕一

73EJH2：12

【集注】

〔1〕延年：人名，為張掖太守。

〔2〕湯：人名，為肩水倉長。

☑□左丞孝〔1〕移居延，如律令。　　掾☑　　　　73EJH2：13

【集注】

〔1〕孝：人名，為左丞。

☑□朔壬寅，西鄉嗇夫賢〔1〕敢言之：故里公乘丁仁〔2〕自言為家私使

☑過界中。嗇夫賢謹案，仁毋官獄事，當為傳，謁移過

☑……

73EJH2：15+83+34

【校釋】

姚磊（2017F3）綴，第一行「丁」字原未釋，綴合後釋。

－737－

【集注】

〔1〕賢：人名，為西鄉嗇夫。

〔2〕丁仁：人名，為申請傳者。

元康三年八月戊申，南部候長☒　　　　　　　　73EJH2：18

【校釋】

「戊申」許名瑲（2016G）、胡永鵬（2016A，188頁）、黃艷萍（2017，156頁）等均認為有誤。今按，諸說是。當為原簡書誤。元康，漢宣帝劉詢年號。元康三年為公元前63年。

☒日十日所即復來歸，捐亦心恐☒　　　　　　　73EJH2：22

【校釋】

姚磊（2019E5）綴合該簡和簡73EJH2：102。今按，兩簡茬口均較齊整，對同一個「即」字的寫法有區別，暫不綴合作一簡。

……☒

□□□如律令，敢言之。二月辛卯……謁移過所□☒　　73EJH2：23A

章曰長安左丞印　　☒　　　　　　　　　　73EJH2：23B

中部候長赦〔1〕主隧七所，當省卒七　　☒　　　73EJH2：24

【集注】

〔1〕赦：人名，為中部候長。

☒□□敢言之：謹移元康　　　　　　　　　73EJH2：25

☒□至神爵二年十☒　　　　　　　　　　　73EJH2：27

【校釋】

姚磊（2017G5）綴合簡73EJT23：489和該簡。今按，兩簡形制、字體筆迹較一致，但兩簡出土地點不同，茬口不能密合，或不能綴合。

☒□敢言之：候官移檄府檄曰吏□

☒上功勞名籍一編，敢言之。　　　　　　　73EJH2：28

謹移亭廣袤[1]一編☒　　　　　　　　　　　　73EJH2：30

【集注】

〔1〕亭廣袤：東西曰廣，南北曰袤，廣袤指面積大小。參簡 73EJT5：73「廣袤」
　　集注。則該簡「亭廣袤」當指邊塞亭隧面積的大小，據簡文可知，各個亭隧面
　　積的大小要作成簿籍向上報告。

☒□長史□肩水倉長常樂[1]兼行丞事，下縣，承書從□☒　　73EJH2：31

【集注】

〔1〕常樂：人名，為肩水倉長。

☒□□□元康三年十二月庚申朔癸未[1]，士吏弘[2]付平樂[3]隧長宋勳[4]，
出入☒
☒□未又尉　　臨　　　☒　　　　　　　　　　73EJH2：33

【集注】

〔1〕元康三年十二月庚申朔癸未：元康：漢宣帝劉詢年號。據徐錫祺（1997，1558
　　頁），元康三年十二月庚申朔，二十四日癸未，為公曆公元前 62 年 2 月 2 日。
〔2〕弘：人名，為士吏。
〔3〕平樂：隧名。
〔4〕宋勳：人名，為平樂隧長。

☒五鳳元年五月□□□☒
☒名籍一編，敢言之。　　☒　　　　　　　　73EJH2：35+36

伏地再拜請　　☒
□□足下今☒　　　　　　　　　　　　　　　73EJH2：38A
……☒
進宋子☒　　　　　　　　　　　　　　　　73EJH2：38B

【校釋】

　　A 面第二行未釋字韓鵬飛（2019，1687 頁）作「子山」。今按，補釋或是，但
所釋字左部殘缺，不能確知，當從整理者釋。

道人謹案，亭隧六所，驚糒皆見，毋少不足，書實，敢言之☑　　73EJH2：42

【校釋】

　　「書」原作「當」，該字圖版作▓形，下部明顯從「曰」，當為「書」字。又「書實」一語金關漢簡常見，亦可為證。

贏〔1〕伏地再拜請　　☑
少翁子賓少君子君孝婦〔2〕足下：良苦過行兵勞賜使者，謹道贏丈人病不偷〔3〕
□□□鱳得臧錢用少馬不□☑　　　　　　　　　　73EJH2：43A
少翁子賓少君子君孝婦足下　　　　　石胥少翁　　☑
　　　　　　　　　　　　進　　寇子賓　　☑
　　　　　　　　　　　高少君　　唐贏☑　　　73EJH2：43B

【集注】

〔1〕贏：人名，即B面唐贏，為致信者。

〔2〕少翁子賓少君子君孝婦：少翁、子賓、少君、子君、孝婦分別為受信者。少翁
　　　即B面石胥，字少翁；子賓即B面寇子賓；少君即B面高少君。

〔3〕偷：通「愈」，指病情好轉。

益之〔1〕伏地再拜　　☑　　　　　　　　　　　　　73EJH2：44

【集注】

〔1〕益之：人名，為致信者。

今不肯為封事，已函，唯大守君依憐〔1〕道人，叩頭死罪死罪　　73EJH2：46

【集注】

〔1〕張再興、黃艷萍（2017，75頁）：「依憐」也當讀作「哀憐」。
　　　　　今按，說是。「哀憐」即憐憫，憐惜。

長倩〔1〕足下：善毋恙，甚苦事，寒時壽〔2〕伏願長倩節衣、強幸酒食、慎出入、辟小人，察
所臨，毋行決決。壽幸甚，因道□□□□□□□□□□□□□□ 73EJH2：47A
聞毋恙，伏地再拜請
長倩足下　　□長倩　　　　　　　　　　　　　73EJH2：47B

【集注】

〔1〕長倩：人名，為受信者。

〔2〕壽：人名，為致信者。

置〔1〕伏地言　即幸為得終急為傳來不可已　☒

子卿〔2〕足下：善毋恙，甚苦事。先曰因鮮于長史〔3〕報以阜布，因為被單衣
□☒

幸為取布，唯惡也，被幣衣耳強不可，已得，幸急□☒　　　73EJH2：48A

終又少闌下當有，願得七尺耳，即可得，願子卿幸為取☒

願留意，依儀拒財，不可已，事毋急此者，王子長〔4〕言孫長史☒

置為子長取之，願得其約索，屬元毋可得，願留☒　　　73EJH2：48B

【校釋】

　　A面三行「惡」韓鵬飛（2019，1688頁）作「蔥」。今按，該字作**蔥**形，據字形似當為「蔥」，但漢簡中一般徑作「惡」。

【集注】

〔1〕置：人名，為致信者。

〔2〕子卿：人名，為受信者之字。

〔3〕鮮于長史：「鮮于」為複姓。《後漢書・第五倫傳》：「倫始以營長詣郡尹鮮于褒，褒見而異之，署為吏。」李賢注引《風俗通》曰：「武王封箕子於朝鮮，其子食采於朝鮮，因氏焉。」鮮于長史為姓鮮于的長史。

〔4〕王子長：人名，子長當為其字。

初元五年六月壬寅朔甲子〔1〕，中鄉有秩忠〔2〕敢告尉史：溫東謝〔3〕里公乘
孫禹〔4〕自言　　　73EJH2：50

【集注】

〔1〕初元五年六月壬寅朔甲子：初元，漢元帝劉奭年號。據徐錫祺（1997，1595頁），初元五年六月甲子即公曆公元前44年8月7日。

〔2〕忠：人名，為中鄉有秩嗇夫。

〔3〕東謝：里名，屬溫縣。

〔4〕孫禹：人名，為申請傳者。

五月丁巳，廄嗇夫蓋眾〔1〕行有尉事。謹案，憙〔2〕年爵如書，敢言之。／尉
史□。五月戊午。熒陽守……▨　　　　　　　　　　　　73EJH2：52

【集注】

〔1〕蓋眾：人名，為廄嗇夫。

〔2〕憙：人名，為申請傳者。

元康二年六月戊戌朔辛亥〔1〕，佐昌〔2〕敢言之：遣佐常〔3〕為郡將轉輸居延，
與葆同縣安國〔4〕里徐奴〔5〕、年十五歲俱，乘家所占畜馬一匹、軺
一乘。謹案，奴毋官獄徵事，當得取傳，謁移過所縣邑……　73EJH2：54A
七月辛巳，佐常以來。　　　　　　　　　　　　　　　　73EJH2：54B

【集注】

〔1〕元康二年六月戊戌朔辛亥：元康，漢宣帝劉詢年號。據徐錫祺（1997，1555
　　頁），元康二年六月辛亥即公曆公元前 64 年 7 月 10 日。

〔2〕昌：人名，為佐。

〔3〕常：人名，為佐。

〔4〕安國：里名。

〔5〕徐奴：人名。

▨言之，伏地再拜，請長道令史得得再拜謁□□▨
▨人再拜，請長三老足下：番伏地□年　　▨　　　　73EJH2：56A
▨符卒史言候言伏地再拜請長伏地再拜請長伏▨
▨……候長……▨　　　　　　　　　　　　　　　　73EJH2：56B
▨　四百六十五。人三百，少百六十五，當責趙贛定少▨　73EJH2：58
▨……里大夫□賢，年廿四……
▨□邑，毋苛留止，敢言之。　　　　　　　　　　　73EJH2：60

▨□定□捐，酒甘露▨　　　　　　　　　　　　　　73EJH2：65

【校釋】

　　姚磊（2019E5）綴合簡 73EJH2：91 和該簡。今按，兩簡或存同屬一簡的可能，
但茬口不能密合，暫不綴合作一簡。

「□定」韓鵬飛（2019，1690 頁）作「氏定」。今按，所釋「氏」字上部殘斷，不能確知，當從整理者釋。

☑□告中部亭隧☑	73EJH2：69
☑□即日可俱去來☑	73EJH2：71
元康二年五月丁□☑☑	73EJH2：72
☑言之　　☑	73EJH2：74
☑　虞少卿書，幸致	73EJH2：75
☑廣德來之都倉	73EJH2：76
☑□騎司馬海〔1〕，承書從事，下☑	73EJH2：77

【集注】

〔1〕海：人名，為騎司馬。

☑書罷歸軍餘出衛士及	
☑□謁移過所，縣次續食，給	73EJH2：78
☑□一編，敢言之。　　☑	73EJH2：79
☑……☑	
☑□予，願子文為報卒□☑	73EJH2：80
☑名籍一名，敢言之☑	73EJH2：82
☑□縣官事，寒時不和，謹衣強☑	73EJH2：84
☑記到，各遣	73EJH2：86
☑卅歲、姓殷　　☑	73EJH2：91

【校釋】

姚磊（2019E5）綴合該簡和簡 73EJH2：65。今按，兩簡或存同屬一簡的可能，但茬口不能密合，暫不綴合作一簡。

☑□索☑	73EJH2：93
九月癸酉，將屯張掖大守☑	
□／屬富昌〔1〕、給事佐□☑	73EJH2：95

3

【集注】

〔1〕富昌：人名，為屬。

☑史利敢☑　　　　　　　　　　　　　　　　73EJH2：99

☑不舉曰□☑　　　　　　　　　　　　　　　73EJH2：101

☑即應　　　　　　　　　　　　　　　　　　73EJH2：102

【校釋】

　　姚磊（2019E5）綴合簡73EJH2：22和該簡。今按，兩簡茬口均較齊整，對同一個「即」字的寫法有區別，暫不綴合作一簡。

進　　□☑　　　　　　　　　　　　　　　　73EJH2：104

☑鱳得印　　　　　　　　　　　　　　　　　73EJH2：105A

☑□□　　　　　　　　　　　　　　　　　　73EJH2：105B

☑□隧長王延壽〔1〕等行□☑　　　　　　　73EJH2：106A

☑□長□□□☑　　　　　　　　　　　　　　73EJH2：106B

【集注】

〔1〕王延壽：人名，為隧長。

☑足下：善毋恙，良苦事☑　　　　　　　　73EJH2：107A

☑□長信□□　☑　　　　　　　　　　　　　73EJH2：107B

☑……☑　　　　　　　　　　　　　　　　　73EJH2：108

符，為家私市居延□☑　　　　　　　　　　　73EJH2：109

肩水金關 F1

丞相方進〔1〕、御史臣光〔2〕昧死言：　　☑
明詔哀閔元元〔3〕，臣方進、御史臣光。往秋郡被霜，冬無大雪〔4〕，不利宿麥〔5〕，恐民□☑　　　　　　　　　　　73EJF1：1

【校釋】

　　第二行「雪」字伍德煦（1983，63頁）、薛英群（1986，362頁）作「雩」，認

為即雪字之章草體或別體；高一致（2016B）認為應釋「霎」，用作「雪」；姚磊（2016L，93頁）認為伍德煦之說可從，簡文可處理作「冬無大霎（雪）」。

劉樂賢（2018A，524～525頁）則認為該字應當釋寫作「嚚」，其可以看作是在「霎（雪）」的下部添加了一個與表義無關的「口」旁，也可以看作是一個從「嘖」得聲的形聲字。無論取哪一種分析，都可以將「嚚」當作「霎（雪）」的異體。

今按，該字圖版作，從字形來看，似當隸定作「霎」，但於構形理據似嫌不通。其當以劉樂賢所說為是，可釋寫作「嚚」，為「霎（雪）」的異體。此從整理者徑釋作「雪」。

調有餘，給不足，不民所疾苦也。可以便安百姓者，問計長吏守丞〔6〕，條對〔7〕▨
臣光奉職無狀，頓首頓首、死罪死罪。臣方進、臣光前對問上計弘農大守丞
□▨　　　　　　　　　　　　　　　　　　　　　　　　73EJF1：2

【校釋】

　　第二行「對」原作「封」，姚磊（2016L，90頁）釋。

令堪對曰：富民多畜田牛，貸□▨
……▨　　　　　　　　　　　　　　　　　　　　　　73EJF1：3
郡國九穀最少，可豫稍為調給，立輔預言〔8〕民所疾苦，可以便安▨
弘農大守丞立、山陽行大守事湖陵〔9〕□□、上谷〔10〕行大守事▨
　　　　　　　　　　　　　　　　　　　　　　　　73EJF1：4

【校釋】

　　第一行「安」字原作「宜」，姚磊（2016L，91頁），黃悅（2017）、（2019，206頁）釋。又「預」字姚磊（2016L，90頁）釋作「既」。今按，該字圖版作，左部為「予」、右部為「頁」，漢簡中常見，釋「既」恐不確，當從整理者釋。

來去城郭流亡，離本逐末、浮食者浸□〔11〕……▨
與縣官並稅以成家致富〔12〕，開並兼之路〔13〕。陽朔年間▨　　73EJF1：5
治民之道，宜務興本廣農桑□□□□▨
來出貸，或取以賈販，愚者〔14〕苟得逐利□▨　　　　　73EJF1：6

【校釋】

　　第一行「桑」姚磊（2016L，91 頁）認為釋「業」。今按，該字圖版作 ，和漢簡「業」字似有不同，當從整理者釋。

言預可，許臣請除貸錢它物律〔15〕，詔書到，縣道官得貸錢□□☑

縣官還息與貸者，它不可許。它別奏。臣方進、臣光愚戇〔16〕，頓首頓首、死罪死罪☑　　　　　　　　　　　　　　　　　　　　　　　　73EJF1：7

【校釋】

　　第一行「預」字姚磊（2016L，90 頁）釋「既」。今按，該簡「預」字寫法同 73EJF1：4 中的「預」，釋「既」恐不確，當從整理者釋。又第一行「得貸錢」原作「得假貸錢」，「假」字衍，姚磊（2016L，92 頁）釋。

制：可。　　☑　　　　　　　　　　　　　　　　　　　73EJF1：8

永始三年七月戊申朔戊辰〔17〕，御〔18〕☑

下當用者。　　☑　　　　　　　　　　　　　　　　　　73EJF1：9

八月戊戌，丞相方進重：今長安男子李參、索輔〔19〕等自言占租貸☑

又聞三輔豪黠吏民復出貸受重質〔20〕不止，疑郡國亦然，書到☑
　　　　　　　　　　　　　　　　　　　　　　　　　　73EJF1：10

賞得自責母息，毋令民辨鬭〔21〕相殘賊，務禁絕息貸☑

令　　☑　　　　　　　　　　　　　　　　　　　　　　73EJF1：11

【校釋】

　　第一行「辨」字姚磊（2016L，95 頁）作「辨」。今按，改釋可從，該字圖版作 形，右下殘缺，又模糊不清，暫從整理者釋。

七月庚午，丞相方進下小府〔22〕、衛將軍〔23〕、將軍、二千石、二千石〔24〕、部刺史〔25〕、郡大守、諸侯……☑

下當用者，書到言〔26〕。　　☑　　　　　　　　　　　　73EJF1：12

十月己亥，張掖大守譚〔27〕、守部司馬宗〔28〕行長史……☑

書從事，下當用者，明扁鄉亭〔29〕顯處，令吏民皆知之，如詔書。　　☑
　　　　　　　　　　　　　　　　　　　　　　　　　　73EJF1：13

【校釋】

　　第一行「譚」字姚磊（2016L，93頁）認為釋讀不妥，暫存疑待考。今按，該字圖版作，釋「譚」似不誤。

十一月己酉，張掖肩水都尉譚〔30〕、丞平〔31〕下官，下當用者，如☑

73EJF1：14

十一月辛亥，肩水候憲〔32〕下行尉事，謂關嗇夫吏，承書從事，明扁亭隧關☑

處，如詔書。　士吏猛〔33〕　　☑ 73EJF1：15

☑　□作宜可益倍其□□□☑

☑　……長假貧民物□□☑ 73EJF1：16

【校釋】

　　以上十六枚簡整理者作同一簡冊，一般名為《永始三年詔書》冊。其中編號為10和11的兩枚簡，大庭脩（1984，182頁）曾認為是性質不同的簡，不應排列在這個簡冊中。伍德煦（1983，68頁）則認為：「從簡冊的形制長短，簡文書法的字體、書勢、墨色等相比較，特別是此二簡的內容和《詔書冊》的基本內容都是緊密相關聯，最後，判定此二簡仍應為《詔書冊》的一部分。」現在根據所公佈的清晰簡影來看，此兩簡屬於詔書冊是沒有問題的。

　　又關於該簡冊的排列順序，是尚需討論的問題。該簡冊曾在正式出版之前有過2次公佈，其中甘肅省博物館漢簡整理組（1983）僅公佈了沒有整理編號的釋文。其後甘肅省文物工作隊居延簡整理組（1984）則發表了簡影照片和有編號並予以編次的釋文。其排列順序為 1－2－4－3－6－5－7－8－9－12－10－11－13－14－15－16。此外，還有對該簡冊進行研究的伍德煦、薛英群、大庭脩、姚磊等學者對簡次的排序作了討論，其編排順序分別如下：

　　伍德煦（1983，62～63頁）：1－4－2－3－5－6－7－8－9－12－10－11－13－14－15。

　　薛英群（1986，356～357頁）：1－7－8－6－5－3－11－4－2－9－12－10－13－14－15。

　　大庭脩（2001，36～37頁）：1－4－2－3－5－6－7－8－9－12－13－14－15。

　　姚磊（2016L，97頁）：1－2－4－16－3－6－5－7－8－9－12－10－11－13－14－15。

　　除薛英群排序較為雜亂之外，其餘諸家對簡冊的排序大體上是一致的。其中以第 8 和 9 簡為界，該簡冊可分為前後兩個部分。姚磊（2016L，99 頁）即指出：「詔書可能有三個書手寫就，1－7 號簡是第一個書手，所記內容主要是丞相和御史大夫的請詔文；8、9 是第二個書手，所記內容主要是皇帝的批文；10－15 是第三個書手，所記內容主要是文書的傳遞過程。」雖然是否為三個書手寫就尚不能確知，但簡冊主要由三部分構成則是沒有疑問的。姚磊（2016L，97 頁）在認同甘肅省文物工作隊居延簡整理組（1984）的排序之外，將 16 號簡排在了 4 號簡和 3 號簡之間。16 簡殘損嚴重，但據其形制和內容來看，其屬於 1－7 這一組丞相和御史大夫的請詔簡文應當是可信的。因此我們認為姚磊（2016L，97 頁）的排序從目前來看是比較恰當和合乎實際的。

【集注】

〔1〕方進：伍德煦（1983，63 頁）：「丞相方進」即翟方進，與其他簡的「丞相方進」同，見《漢書·翟方進傳》：「永始二年⋯⋯擢方進為丞相」。

　　　　今按，說是。據《漢書·百官公卿表》，永始二年十月己丑，丞相宣免。十一月壬子，執金吾翟方進為丞相。綏和二年二月壬子，丞相方進薨。則翟方進任丞相在公元前 15 年至公元前 6 年之間。

〔2〕光：伍德煦（1983，63 頁）：「御史臣光」即孔光。

　　　　今按，說是。據《漢書·百官公卿表》，永始二年十一月壬子，諸吏散騎光祿勳孔光為御史大夫，七年貶為廷尉。綏和元年御史大夫孔光為廷尉，九月遷。則孔光任御史大夫在公元前 15 年至公元前 7 年之間。

〔3〕明詔哀閔元元：伍德煦（1983，63 頁）：詔，告也，古時上告下曰詔，君告其臣曰詔。元：庶民也。哀安元：與《鹽鐵論·未通》御史曰：「⋯⋯先帝哀憐百姓之愁苦」的意義相似。

　　　　薛英群（1986，362 頁）：所謂「元」，《漢書·元帝紀》有「元元之民」，《漢書·成帝紀》有「元元冤失職者眾」，應指普通老百姓。

　　　　中國簡牘集成編輯委員會（2001I，235 頁）：元元，百姓、庶民。《戰國策·秦策一》：「制海內，子元元，臣諸侯，非兵不可。」

　　　　姚磊（2016L，93 頁）：「哀閔元元」一詞見於《漢書·匡衡傳》，文曰：「陛下祗畏天戒，哀閔元元。」又見於《漢書·薛宣傳》：「陛下至德仁厚，哀閔元元。」「元元」，民也，「兩漢書多用之。」「哀閔元元」意哀憐、憐憫百姓之意。

今按，諸說多是。「元元」指百姓黎民，明詔哀閔元元是說皇帝哀憫、憐惜老百姓。

〔4〕往秋郡被霜，冬無大雪：伍德煦（1983，63 頁）：秋被霜，冬無雪，言災害並臻。

　　李均明（2009，31 頁）：簡文云「往秋郡被霜，冬無大雩」涉及永始二年秋冬之自然災害，《漢書・成帝紀》：永始三年春正月，詔曰：「天災仍重，朕甚懼焉。惟民之失職，臨遣大中大夫嘉等循行天下，存問耆老，民所疾苦。其與部刺史舉惇樸遜讓有行義者各一人。」此詔，知永始二、三年秋冬間曾發生較嚴重的自然災害，故下詔撫民。丞相方進的補充報告則涉及災年時豪點吏民的不良非法行為及其對社會的危害，故「務禁絕」，即務必堅決制止，惜簡文缺，未見具體措施及皇帝的批示。

　　姚磊（2016L，93 頁）：簡言「往秋郡被霜，冬無大雪」，可知永始二年秋、冬季節接連發生自然災害。漢成帝賜翟方進的冊書也曾說：「惟君登位，於今十年，災害並臻，民被飢餓。」李均明引《漢書・成帝紀》三年春正月「天災仍重，朕甚懼焉」，認為「永始二、三年秋冬間曾發生較嚴重的自然災害，故下詔撫民」。可從。

　　今按，諸說是。「往秋郡被霜，冬無大雪」是說往年秋天各郡遭受霜害，冬天又乾旱無大雪。

〔5〕宿麥：伍德煦（1983，63 頁）：「宿麥」即指冬麥，《漢書・武帝紀》：「元狩三年，遣謁者勸有水災郡，種宿麥」，注：「秋冬種之，經歲乃熟，故云宿麥。」

　　今按，說是。「宿麥」即今冬小麥，秋種夏收，其苗要經過冬天。又《漢書・谷永傳》：「比年喪稼，時過無宿麥。」師古曰：「時過者，失時不得種也。秋種夏收，故云宿麥。」

〔6〕守丞：李解民（1998，70 頁）：守丞指太守丞，在《漢書》中出現多次。

　　今按，說是。守丞為郡守之丞。《漢書・朱買臣傳》：「坐中驚駭，白守丞，相推排列中庭拜謁。」顏師古注引服虔曰：「守邸丞也。」注引張晏曰：「漢舊郡國丞長吏與計吏俱送計也。」顏師古曰：「張說是也。謂之守丞者，繫太守而言也。」

〔7〕條對：姚磊（2016L，90 頁）：「條對」一詞見於《漢書・梅福傳》，曰：「詣行在所條對急政，輒報罷。」顏師古注：「條對者，一一條錄而對之。」

　　今按，說是。「條對」即逐條對答天子詢問等。

〔8〕立輔預言：伍德煦（1983，64頁）：「立輔既言」，立為人名，輔，佐吏也。庶人在官曰輔，《周禮‧天官‧大宰》「置其輔」，注，「輔，府吏，庶人在官者」。「立輔」應指簡文中的「弘農太守丞立」。

　　　　薛英群（1986，364頁）：「立輔既言」，「立」是人名，是「弘農太守丞立」，「輔」為佐貳的意思。

　　　　今按，諸說多是。「立」為弘農太守丞。

〔9〕湖陵：山陽郡屬縣。《漢書‧地理志上》：「湖陵，《禹貢》『浮於泗、淮，通於河』，水在南。莽曰湖陸。」顏師古注引應劭曰：「《尚書》一名湖。章帝封東平王倉子為湖陵侯，更名湖陵。」

〔10〕上谷：郡名。《漢書‧地理志下》：「上谷郡，秦置。莽曰朔調。屬幽州。」

〔11〕離本逐末、浮食者浸□：伍德煦（1983，64頁）：「離本逐末」，即棄農經商之意，古以農業為本業，工商為末作。「浮食」，浮末而食之意。即言徒作浮利，不事生產而食。

　　　　姚磊（2016L，94頁）：簡文可能是「離本逐末浮食者浸多」，意為「棄農經商不事耕作而食者漸多」。

　　　　今按，諸說是。「浮食」謂不事耕作而食。《漢書‧地理志下》：「又郡國輻湊，浮食者多，民去本就末。」

〔12〕與縣官並稅以成家致富：伍德煦（1983，64頁）：「並稅以成家致富」，並，旁緣也，如《漢書‧張湯傳》：「姦吏並侵漁」，王先謙補註：「旁緣為姦也」，成，肥腯曰成，此處引申為豐美充滿之意，即「縣府官吏因取租稅而富裕家室」之意。

　　　　今按，說或不確。從簡文文義來看，這句話蓋是說地主豪強等與縣官一起取租稅而使其家富裕。

〔13〕開並兼之路：伍德煦（1983，64頁）：「開並兼之路」，即指當時官吏、地主、商人三位一體的豪強地主利用租稅、高利貸等剝削手段，貪婪無厭地並兼農民的土地。

　　　　今按，其說當是。「並兼」即合並，吞並。《漢書‧食貨志下》：「於是天子與公卿議，更造錢幣以澹用，而摧浮淫并兼之徒。」

〔14〕或取以賈販，愚者：伍德煦（1983，64頁）：「或取以賈販愚者」，似即指姦吏取利於商賈和愚民之意。

　　　　今按，其說恐不確。「賈販」與「愚者」之間不當連讀，應該斷開。

〔15〕請除貸錢它物律：薛英群（1986，362 頁）：「請除貸錢它物律」，是請求下詔免
　　　除借貸與其他物品的高利貸盤剝的律令。

　　　　　　今按，說或是。據簡文來看，「貸錢它物律」當為漢代一種打擊不法分子
　　　乘機從事高息借貸等暴利行為的法律。

〔16〕愚戇：伍德煦（1983，65 頁）：戇，愚而直也。《史記·高帝紀》：「然陵少戇」。
　　　此處為翟方進、孔光向皇帝奏言時的自貶之詞。

　　　　　　今按，說是。又作「愚贛」，《後漢書·蔡邕傳》：「臣以愚贛，感激忘身，
　　　敢觸忌諱，手書具對。」

〔17〕永始三年七月戊申朔戊辰：永始，漢成帝劉驁年號。據徐錫祺（1997，1656 頁），
　　　永始三年七月廿一日戊辰，即公曆公元前 14 年 9 月 3 日。

〔18〕御：大庭脩（2001，24～25 頁）：御史大夫是統領「御史——侍御於王近側的
　　　秘書官」的秘書長，負責草擬實施政務的方案，即所謂「草制」之官……御史
　　　大夫之下，有由御史丞統領的 30 名御史，在御史府作為秘書擔任製作公文，
　　　收發文書等工作。15 名侍御史由御史中丞領導，居殿中，一部人負責蘭臺文
　　　書的出納、授受、保管，另一部分人在殿中充任監察。但尚書出現後，御史的
　　　秘書職能逐漸轉移給尚書。襲此傾向的東漢光武帝劉秀，意在廢止御史大夫之
　　　職，將尚書令與御史中丞納入少府之下，故置司空以代御史大夫，司空為最高
　　　長官三公之一。此後監察職能成為御史中丞之任，並延及後世。《漢書·百官
　　　公卿表》僅寫了御史中丞，這也是原因之一。御史中丞自秦、西漢以來就是監
　　　察官的誤解，最終導致了御史大夫為監察官這一定論的產生。儘管御史大夫作
　　　為秘書長在皇帝近側上奏文書，下達詔書，位居丞相之下，為丞相副貳，但由
　　　於傳達的是皇帝制詔，所以對丞相也用「下」字。

　　　　　　今按，該「御」字後殘斷，大庭脩（2001，24 頁）據詔書下發之文例補
　　　充為「御史大夫下丞相承書從事」，且認為御史大夫作為秘書長在皇帝近側上
　　　奏文書，下達詔書，雖然位在丞相之下，但由於傳達的是皇帝制詔，因此對丞
　　　相也用「下」字。這種看法無疑非常正確。

〔19〕李參、索輔：分別為長安男子人名。

〔20〕重質：「質」為典當，抵押義。《說文·貝部》：「質，以物相贅。」重質即貴重
　　　的抵押物等。

〔21〕民辦鬭：姚磊（2016L，95 頁）：《後漢書·劉盆子傳》載：「大司農楊音按劍
　　　罵曰：『諸卿皆老傭也！今日設君臣之禮，反更殽亂，兒戲尚不如此，皆可格

殺！」更相辯鬭。而兵眾遂各踰宮斬關，入掠酒肉，互相殺傷。」古書中「辨」亦通「辯」，「辨鬭」即「辯鬭」。

今按，其說是。「辦鬭」也即「辯鬭」，義為爭辯，爭鬭。

〔22〕小府：陳夢家（1980，122 頁）：郡有少府，《漢書·循吏（文翁）傳》曰「簡省少府用度」，師古注云「少府、郡掌財物之府以供太守者也」。1962 年山西右玉出土西漢銅器，有一盤銘曰「上郡小府」（《文物》1963 年 11 期），亦作小府。漢簡（甲651）廣德國亦有小府。漢銅器銘文京師少府作少，郡國作小，是少、小雖相通而有別，郡國稱小府。

陳直（2009，196 頁）：小府即少府，《循吏文翁傳》云：「減省少府用度。」居延簡關於小府之記載尤多，蓋邊郡太守、都尉、農都尉皆有小府之設置。

伍德煦（1983，65 頁）：「少府」即小府，漢時為九卿之一，掌山海池澤收入和皇帝宮室的手工業製造，為皇帝的私府，秩中二千石。

大庭脩（1984，177 頁）：我認為這個少府是小府的意思，意味著丞相翟方進是將詔書下與直屬於自己的丞相府的。

胡平生、張德芳（2001，116 頁）：小府即少府。居延簡關於小府之記載尤多，蓋邊郡太守、都尉、農都尉皆有小府之設置。《金石萃編》卷十《倉頡廟碑》陰有小府史題名，倉頡廟碑為衙縣所立，知兩漢縣亦有少府，不獨州郡有也。

永田英正（2007，337 頁）：小府應是謙稱，將之視為下達執行命令的太守府是不會錯的，具體地說，是下達給丞、長史，以及構成太守府的門下、諸曹掾屬和掾史的。

李迎春（2012，16 頁）：與被稱為「大府」的丞相府相對的御史大夫府……與被稱為「大府」的太守府相對的各種都尉府。

劉釗（2015，436 頁）：對郡國「小府」有太守指稱自己所領屬的整個太守府的含義，我們更多的只是出於推測。真實的情況究竟如何，還有待更多出土材料的證明。但是漢簡詔書行下文中中央部分的「小府」指的是級別高、規模大的丞相府，應當是沒有問題的。

冨谷至（2018，177～178 頁）：可以解釋為文書發送者自身對所屬官府的謙稱。

今按，漢簡中「小府」既出現在中央下發的詔書中，也常出現於郡太守等所下文書。中央所下詔書中「小府」往往為丞相等直接所下的第一個機構，如

該簡即是。這種「小府」肯定非九卿之一的「少府」。伍德煦說顯然不妥。其應當如大庭脩、劉釗等所說，為丞相直屬的丞相府。至於郡國一級的小府，諸多學者認為其是太守等直屬的太守府，這種看法應當也是可信的。李迎春認為小府指御史大夫府、各種都尉府恐亦不妥。

〔23〕衛將軍：伍德煦（1983，65 頁）：「衛將軍」即當《漢書・百官公卿表》裡的「衛尉」，漢高帝六年，將軍酈商為衛尉，均可為證。衛尉為漢九卿之一，掌宮門衛屯兵，主南軍，秩中二千石。

　　大庭脩（2001，26～27 頁）：伍氏解作衛尉，根據有二，一是《漢書・文帝紀》二年十一月衛將軍屯兵之事，二是高祖六年以將軍酈商為衛尉，但這純屬未作考證。永始三年居衛將軍之位的是王商，他在永始二年正月大司馬車騎將軍王音死後，任大司馬衛將軍，至永始四年退位，任外戚總帥近三年。又，將軍中的左將軍為辛慶忌，右將軍有王章。「衛將=軍=」之將軍，即指這些人。

　　今按，「衛將軍」伍德煦認為是九卿之一的衛尉，顯然不妥。其當如大庭脩所說為大司馬衛將軍王商等人。

〔24〕二千石、二千石：大庭脩（1984，178 頁）：簡中在將軍之後寫著二二千千石石，脫漏了「中」字，是下達中二千石、二千石的地方。不論是中二千石還是二千石，都是中央官廳的長官，即所謂九卿，在中二千石中就包含前出的少府。

　　今按，其說當是，該簡脫漏了「中」字，應該是「中二千石、二千石」，均為漢代官員秩級名稱，簡文中用以指代這種秩級的官員。參簡 73EJT23：3+619「中二千石」集注。

〔25〕部刺史：大庭脩（1984，178 頁）：按刺史始設於武帝元封六年，秩六百石，有十三人，但因其擔任州內郡的監察工作，以致地位逐漸提高。據《漢書・百官公卿表》載，成帝綏和元年將刺史更名為州牧，秩為二千石，但在哀帝建平二年恢復為刺史。

　　今按，其說是。參簡 73EJT6：140+95「刺史」集注。

〔26〕書到言：羅振玉、王國維（1993，106 頁）：漢時行下公文，必令報受書之日，或云「書到言」，或云「言到日」，其義一也。

　　李均明（2009，35 頁）：詔書之下發遵循一定的程序，每級機構收到詔書後亦須即時回報，簡文稱「書到言」。

中國簡牘集成編輯委員會（2001H，168頁）：漢代官文書習用語。意即文書收到後，應即言報。

今按，諸說是。「書到言」即收到文書後回報。

〔27〕譚：人名，為張掖太守。

〔28〕宗：人名，為守部司馬。

〔29〕鄉亭：徐樂堯（1984，328頁）：鄉亭也是漢代為官吏、使者備宿之亭舍。但較之傳舍、都亭，其設備要更簡陋些，級別也低。

冨谷至（2013，196頁）：都亭與郡縣關係密切，與此相對，「鄉亭」是設置在鄉的亭。

今按，諸說是。「鄉亭」為眾多的亭之一種，指設置在鄉里的亭。

〔30〕譚：人名，為肩水都尉。

〔31〕平：人名，為丞。

〔32〕憲：人名，為肩水候。

〔33〕猛：人名，為士吏。

☒□□善親平滿家，即持糒〔1〕一斗☒   73EJF1：17

【集注】

〔1〕糒：勞榦（1960，60頁）：糒為軍中所用見《漢書·李廣傳》。糒之形略如粗沙，《太平御覽》五十引《辛氏三秦記》云：「河西有沙角山，其沙粒粗，有如干糒」。《水經河水注》引段國《沙州記》云：「望黃沙猶若人委乾糒於地，都不生草木」。河西青海之沙色兼黃赤，粟飯之乾者，其色近之。簡言米糒，自應為粟米所成之飯矣。

初師賓（1984A，154頁）：漢簡之糒，或稱「米糒」，古名餱、糗、糧，即炒熟米麥，舂磨為粉，可久儲而質味不變。

薛英群（1991，400頁）：「糒」。炒熟的糧食，以備行軍或情況緊急不能為炊時食用。

李天虹（2003，79頁）：糒，是將米熬熟後捶搗而成的粉質乾飯……吏卒廩名籍里有「糒粟」，是用粟米做成的乾飯。

楊小亮（2010，213頁）：西北簡中既多言「糒」，而「乾飯眉計」則直言「乾飯」，說明二者雖俱為乾糧，但卻有所區別。聯繫到漢簡中糒常與各種穀物並列，以及洛陽西北郊漢墓陶倉上也有「糒米」「米」「白米」「稻米」等題

記並舉的事實，有理由相信，所謂「糒」即是指未經研磨（或稍加研磨）的顆粒粗大的乾糧，而直言「乾飯」，應是指經過研磨的顆粒細小的乾糧。

初昉、世賓（2012，215 頁）：糒，漢簡所見皆軍用熟食，備作戰、行軍、值戍或急變而不及炊事時食用。其又名糗、餱、糧、乾飯等，起源甚早，主要原料為粟、麥、稻……米麥炒麵自無問題，唯炒米麥或曬乾飯，似不便食用。我以前曾推斷糒為炒麵而米糒為炒米，恐不絕然。從烽塞遺址發現大量平板形木匙（餔匕）看，糒的主要形態應是炒麵。王莽時制度，每一戍卒常備三斗糒，裝盛於長條形布緯袋中，約斜挎肩背，備外出偵察值戍時食用。每一烽堠，需另儲「警糒」大槖，儲米糒三石，稱警糒，可供被圍絕糧時三人十天食用，平時則禁用。

安忠義（2006，49 頁）：漢簡中將因備戰急需而準備的糧食稱為糒，有米糒、糒粟等……又稱餱（糇）、糗、糧，大抵糒是將米、麥蒸煮後晾乾或曬乾而製成的。

今按，諸說多是。漢簡所見糒的具體實物，應如勞榦和初師賓所說，為炒熟並春磨成粉的米麥。

建武三年五月丙戌朔壬子〔1〕，都鄉嗇夫宮〔2〕敢言之：金城〔3〕里任安〔4〕
自言與肩水候長蘇長〔5〕俱之官。謹案，安縣里年姓所葆持如牒，
毋官獄徵事，得以令取傳，謁移過所，毋苛留，如律令，敢言之。

73EJF1：25

【集注】

〔1〕建武三年五月丙戌朔壬子：建武，東漢光武帝劉秀年號，建武三年五月廿七日
　　壬子，為公曆公元 27 年 7 月 19 日。

〔2〕宮：人名，為都鄉嗇夫。

〔3〕金城：里名。

〔4〕任安：人名，為申請傳者。

〔5〕蘇長：人名，為候長。

☑史尉史尉史馬承駉馳　　　　　　　　　　　　73EJF1：34

☑者未蒙教，叩頭再拜　　　　　　　　　　　　73EJF1：38A

☑逐相□□得毋有它　　　　　　　　　　　　　73EJF1：38B

【校釋】

　　B面未釋第二字秦鳳鶴（2018B，531頁）補釋作「再」。今按，該字圖版作▨形，和A面「再」字不類，似非「再」，當存疑。

▨□格言廷	73EJF1：42A
▨千三百賦卒張	73EJF1：42B

【校釋】

　　A面未釋字秦鳳鶴（2018B，532頁）補作「廿」。今按，該字圖版作▨形，似非「廿」，當存疑。

▨□常幸自言弟為廣地今☑	
▨出入符，符齒第…… ☑	73EJF1：43
▨□邑西冢地，有樹廿餘枚□☑	73EJF1：44+47

市西第二里南入□☑

長安大昌〔1〕里陳歂□在下方	
□□□□☑	73EJF1：45A+54A
子淵〔2〕坐前□兄不前見□□☑	73EJF1：45B+54B

【集注】

　　〔1〕大昌：里名。

　　〔2〕子淵：人名，為受信者。

幸惜叩頭☑	
趙少伯坐☑	73EJF1：46A
前未及☑	
所遣牒來☑	73EJF1：46B
▨□八月戊辰朔甲戌〔1〕□☑	73EJF1：48

【校釋】

　　該簡年代許名瑲（2016F）、（2016G）、（2017A，104頁）認為屬宣帝神爵三年（前59），其次成帝河平元年（前28）可為參考年代。今按，其說或是。該簡紀年月份均缺，年屬不宜判定。

☑　調注	73EJF1：50
☑□舍中君歆	73EJF1：51A
☑也今旦成	73EJF1：51B
☑□二年六月辛亥，丞相　大將軍☑	
☑□□　□☑（削衣）	73EJF1：57

☑尉欽〔1〕以私印（削衣）　　　　　　　　73EJF1：58

【集注】

〔1〕欽：人名，當為都尉。

☑□從巨卿☑（削衣）	73EJF1：59
☑□今宋少□☑（削衣）	73EJF1：60
☑□數□☑	
☑諸人往來巨卿☑	
☑□報□如何道小通☑	
☑……☑（削衣）	73EJF1：61
☑□介中□☑（削衣）	73EJF1：62
☑肩水彊□☑（削衣）	73EJF1：63

☑功曹李君□☑	
☑庫宰〔1〕萬□☑（削衣）	73EJF1：65+68

【集注】

〔1〕庫宰：饒宗頤、李均明（1995B，140 頁）：宰，新莽時期相當於兩漢縣令長級
　　官員，《漢書·王莽傳》：始建國元年，莽改「縣令長曰宰」……庫宰，新莽縣
　　級庫之主管。

　　　　今按，說是。「庫宰」即庫令。

☑□得詣□□□□平□☑（削衣）	73EJF1：66
□□□今千葆☑（削衣）	73EJF1：67
☑　將軍□☑	
☑　□□□☑（削衣）	73EJF1：69

平樂〔1〕隧長武白馬月十五日持之都倉，糧未還，請還持詣治所

73EJF1：70

【集注】

〔1〕平樂：隧名。

地節四年五月庚辰朔辛巳〔1〕，肩水候房〔2〕以私印行事，謂候長充宗〔3〕：官當空道〔4〕，過往來乘傳客及庳□▨

甚劇，毋以給。書到，充宗各以閒時省卒，及美草盛時芟，各如牒，務得美草，毋假時，畢已，移□□▨

行芟須以給往來乘傳馬及庳候騎馬食，毋忽，如律令。　　▨　　73EJF1：74

五月甲午，東部候長充宗謂驪喜〔5〕隧長廣漢〔6〕：寫移，書到

□省卒芟，它如候官書律令。　　　　　　　　　73EJF1：79

【校釋】

　　以上兩簡形制、字體筆迹等一致，內容相連貫，當屬同一簡冊，可編連。其中簡 73EJF1：79 的內容為東部候長轉發簡 73EJF1：74 肩水候官所下文書到驪喜隧的行下之詞。

【集注】

〔1〕地節四年五月庚辰朔辛巳：地節，漢宣帝劉詢年號。據徐錫祺（1997，1551頁），地節四年五月二日辛巳，為公曆公元前 66 年 6 月 21 日。

〔2〕房：人名，為肩水候。

〔3〕充宗：人名，為候長。

〔4〕當空道：胡平生、張德芳（2001，7頁）：《史記・大宛傳》：「而樓蘭、姑師小國耳，當空道，攻劫漢使王恢等尤甚。」「空道」即衝要之道路，亦作「孔道」。
　　　張俊民（2010，102頁）：空道即孔道，指交通要道，其馬匹的使用較一般驛站頻繁得多。
　　　今按，諸說是。「空道」即「孔道」，指交通要道。《漢書・張騫傳》：「然騫鑿空，諸後使往者皆稱博望侯，以為質於外國，外國由是信之。」顏師古注引蘇林曰：「鑿，開也。空，通也。騫始開通西域道也。」顏師古曰：「空，孔也。猶言始鑿其孔穴也。故此下言『當空道』，而《西域傳》謂『孔道』也。」
　　　《漢書・西域傳上》：「婼羌國王號去胡來王。去陽關千八百里，去長安六千三

百里，辟在西南，不當孔道。」顏師古曰：「辟讀為僻。孔道者，穿山險而為
道，猶今言穴徑耳。」

〔5〕驪喜：隧名。

〔6〕廣漢：人名，為驪喜隧長。

☑☑陽宣甯卿寄不審里名姓、字長孫〔1〕舍，居二月餘，更徙

☑☑母少君疾死，孺卿與勝客〔2〕及兄賓〔3〕復之長孫舍，

☑男子不審名、字子孟〔4〕，居一月，子孟父字功與　　　　　73EJF1：75

【集注】

〔1〕長孫：人名，為字。

〔2〕勝客：劉釗（1999，69 頁）：「勝客」即「戰勝前來進攻的敵人或外來的邪氣」
之意。

　　　今按，說當是，勝客為人名。《急就篇》可見人名「薛勝客」，顏師古注：
「勝者，克堪之義；客者，人禮敬之為上客也。」劉釗（1999，68 頁）謂顏
注非是。

〔3〕賓：人名。

〔4〕子孟：人名，為字。

☑年卅三，自言為家私使之

☑謁移過所河津關，出入，冊

☑掾定〔1〕、令史武〔2〕。　　　　　　　　　　　　　　　73EJF1：76

【集注】

〔1〕定：人名，為掾。

〔2〕武：人名，為令史。

三月三日具記，博〔1〕多問子梁☑☑☑恐力☑☑

主候望蓬火事也，臨部毋忽，記到亡☑府令☑☑

☑☑☑☑☑易行召辛子孝〔2〕可傳告，令以馬遣子孝　　73EJF1：77A+78A

☑☑☑☑……往受候☑長☑☑☑☑之

者☑☑……　　　　　　　　　　　　　　　　　　　　73EJF1：77B+78B

【集注】

〔1〕博：人名，為致信者。

〔2〕辛子孝：人名。

十一月乙巳，奉明守長　守丞放〔1〕移居延，如律令。

／掾晏〔2〕、令史就〔3〕。　　　　　　　　　　73EJF1：91A+93B+82

奉明丞印

八月廿日南　　　　　　　　　　　　　　　　73EJF1：91B+93A

【校釋】

　　簡73EJF1：91+93整理者綴，謝坤（2016B）、（2018，134頁）又綴簡73EJF1：82。

【集注】

〔1〕放：人名，為守丞放。

〔2〕晏：人名，為掾。

〔3〕就：人名，為令史。

▨□施刑，屯居延作一日當二▨

▨□□□□□□▨　　　　　　　　　　　　　　73EJT1：83

【校釋】

　　第一行未釋字張俊民（2015A）補釋「皆」。今按，補釋或可從，但簡首殘斷，該字僅存下部一點墨迹，不能確知，當從整理者釋。

▨□昌自言願以令取傳，為家私使之酒泉、右平〔1〕郡▨

▨……▨　　　　　　　　　　　　　　　　　　73EJF1：84A

▨尺，齒五歲，斛斛　　▨　　　　　　　　　　73EJF1：84B

【集注】

〔1〕右平：黃浩波（2017D，179頁）：右平郡當是從酒泉郡割裂出來的新郡。《漢書·地理志》所謂酒泉郡「莽曰輔平」，並非全部的事實。從名稱上判斷，「右平郡」或是「輔平郡」的前身。

　　肖從禮（2018A，144頁）：新莽時先改酒泉郡為右平郡，後又改右平郡為輔平郡。

　　今按，諸說或是。

元始元年四月戊子朔辛卯〔1〕，新鄭〔2〕守左☑

……☑（削衣）　　　　　　　　　　　　　　73EJF1：85

【集注】

〔1〕元始元年四月戊子朔辛卯：元始，漢平帝劉衎年號。據徐錫祺（1997，1683），
　　　元始元年四月戊子朔，四日辛卯，為公曆公元 1 年 5 月 15 日。

〔2〕新鄭：河南郡屬縣。《漢書・地理志上》：「新鄭。《詩》鄭國，鄭桓公之子武公
　　　所國，後為韓所滅，韓自平陽徙都之。」

☑得之之　毋毋毋毋☑（削衣）　　　　　　　73EJF1：86
☑□汙辱君欲數往☑

☑……☑　　　　　　　　　　　　　　　　73EJF1：87
☑令入關之從皇☑　　　　　　　　　　　　73EJF1：90A

☑□□□□☑

☑與王卿☑　　　　　　　　　　　　　　　73EJF1：90B
□始元年□□☑

亭，毋苛留，當舍☑（削衣）　　　　　　　73EJF1：97
☑□年☑（削衣）　　　　　　　　　　　　73EJF1：100

元始元年正月己☑

與從　☑（削衣）　　　　　　　　　　　　73EJF1：101

☑……謁遷補
☑五歲，毋官獄徵（削衣）　　　　　　73EJF1：102+99

【校釋】

　　何有祖（2016B）綴。

☑□津關，毋苛留止☑（削衣）　　　　　　73EJF1：103
☑□褒自言為家私使之居延☑
☑□居延縣索關，出入，毋□☑
☑……☑（削衣）　　　　　　　　　　　　73EJF1：104

☑守令史恭〔1〕、佐□☑（削衣）　　　　73EJF1：106+111

【校釋】

謝坤（2016A）、（2018，134 頁）綴。

【集注】

〔1〕恭：人名，為守令史。

☑☑長尊☑☑張掖居延☑（削衣）　　　　　　　　73EJF1：107
☑☑☑如律令☑（削衣）　　　　　　　　　　　　73EJF1：109

☑……酉，廣明〔1〕鄉☑
☑屬客田居延第五亭部，願以令☑
☑非亡人命者，當得取偃檢☑☑☑
☑☑子，奉明長☑（削衣）　　　　　　　　　　73EJF1：110

【校釋】

第二行「第」黃艷萍（2016B，124 頁）、（2018，136 頁）作「弟」。今按，該字作 形，據字形當為「弟」。但漢簡中「第」「弟」的使用常存在混同的情況，暫從整理者釋。

【集注】

〔1〕廣明：鄉名，當屬奉明縣。

　　　　　　　☑累舉☑
☑卿孝君毋恙禄☑
　　　　　☑☑籍☑（削衣）　　　　　　　　　73EJF1：112

【校釋】

該簡由兩則削衣組成，姚磊（2016D3）、（2018E，47 頁）認為兩則削衣既不能形成綴合，文意也不通順，應是不同的兩枚簡。今按，說是。該簡為兩枚獨立的削衣。

☑年☑（削衣）　　　　　　　　　　　　　　　73EJF1：113
☑年七月☑☑（削衣）　　　　　　　　　　　73EJF1：114

☑尉史☑敢言之魏右尉：左馮翊〔1〕澂邑〔2〕簿左〔3〕里公乘李順〔4〕自言，調為郡送五年

☑□里大夫刑疾去〔5〕、小奴全〔6〕偕。謹案，順等毋官獄徵事

73EJF1：117

【校釋】

「澂」原作「湖」，黃浩波（2016C）、（2017C，362 頁），黃悅、袁倫強（2017）釋。

【集注】

〔1〕左馮翊：漢三輔之一，為拱衛首都長安的政區。《漢書・地理志上》：「左馮翊，故秦內史，高帝元年屬塞國，二年更名河上郡，九年罷，復為內史。武帝建元六年分為左內史，太初元年更名左馮翊。」

〔2〕澂邑：陳直（1979，196 頁）：小校經閣金文卷十一、九十二頁，有池陽宮燈云：「守屬陽、澂邑丞聖，佐博臨。」志文作徵，為傳寫之誤字。

　　黃浩波（2017C，369 頁）：班固所據資料對湯沐邑的「邑」與縣的區分可能並不明確，而班固誤解「澄邑」的邑為湯沐邑，在《漢書》中只記為「澂」，「澂」又在後世的傳寫過程中訛誤為與之形近的「徵」。

　　今按，諸說是。《漢書・地理志上》：「徵，莽曰氾愛。」顏師古注曰：「徵音懲，即今之澄城縣是也。《左傳》所云『取北徵』，謂此地耳，而杜元凱未詳其處也。」「徵」當為「澂」傳寫致誤。

〔3〕薄左：里名，屬澄邑。

〔4〕李順：人名，為申請傳者。

〔5〕刑疾去：人名。

〔6〕全：人名，為奴。

☑年五十一，閏月庚午，兼亭長周近〔1〕內。
☑□之：敬老〔2〕里男子成錢〔3〕自言為家私市居延

☑……金關　　　　　　　　　　　　　　　　73EJF1：118A

☑□□□隧　　　　　　　　　　　　　　　　73EJF1：118B

【集注】

〔1〕周近：人名，為兼亭長。

〔2〕敬老：里名。

〔3〕成錢：人名，為申請傳者。

☑……☑史少孺   73EJF1：119

定☑   ☑   73EJF1：121

☑   王長☑☑（削衣）   73EJF1：126

肩水金關 F2

☑介……   73EJF2：5

·新始建國地皇上戊三年正月二十六日〔1〕，顯德伯〔2〕☑☑   73EJF2：10

【集注】

〔1〕新始建國地皇上戊三年正月二十六日：羅振玉、王國維（1993，120 頁）：年
    號地皇之下，復云「上戊」者，莽自謂以土德王，故即位用戊辰日，又以戊子
    代甲子為首，故曰「上戊」。《莽傳》稱：「地皇三十年，為王光上戊之六年。」
        今按，說是。地皇，王莽年號。據徐錫祺（1997，1721 頁），地皇三年正
    月二十六日即公曆公元 22 年 1 月 16 日。

〔2〕顯德伯：郭偉濤（2017A，235 頁）：新莽實行公、侯、伯、子、男五等爵位，
    「顯德伯」很可能與「附城」類似，通常為嘉名+爵位的形式，故顯德伯即擁
    此爵位的某個人。
        今按，其說或是。「顯德伯」為王莽時期爵名。

☑閏月壬申，騎司馬兼領〔1〕居延☑   73EJF2：15

【集注】

〔1〕兼領：高恆（2001，302 頁）：指已有主官主職，又領它官它職，而不居其位。
        今按，說或是。「兼領」與「兼行」有所不同，兼行為臨時代理，兼領似
    為一人居兩官職位。《後漢書·賈逵傳》：「和帝即位，永元三年，以逵為左中
    郎將。八年，復為侍中，領騎都尉。內備帷幄，兼領秘書近署，甚見信用。」

☑☑旁郡界中，名爵縣里如牒   73EJF2：17

☑候博〔1〕移肩水☑   73EJF2：20+29

【集注】

〔1〕博：人名，為候。

☒正月甲辰☒　　　　　　　　　　　　　　73EJF2：25

☒順移過所☒　　　　　　　　　　　　　　73EJF2：26

☒縣索、肩水金關☒　　　　　　　　　　　73EJF2：27

☒移其鄉官嗇夫吏　　　　　　　　　　　　73EJF2：28

☒□叩頭，謹因前所☒

☒……起謹☒（削衣）　　　　　　　　　　73EJF2：33

☒□□到□人付□□□□☒

☒□□延還思想君丙在邊□☒（削衣）　　　73EJF2：34

【校釋】

　　李洪財（2017）釋第一行「到」下一字為「殺」，第二行末一字為「悲」。今按，第一行文字右半殘缺，「到」下一字圖版作，從殘存字形來看，釋「殺」可從，但不能確知，當從整理者釋。又第二行末未釋字圖版作，釋「悲」似可從，但又不能十分肯定，暫從整理者釋。

☒□幸甚，謹因　　　　　　　　　　　　　73EJF2：35

・許放從子嚴☒　　　　　　　　　　　　　73EJF2：36

☒□一歲，毋官獄徵事☒　　　　　　　　　73EJF2：37

【校釋】

　　「一」字姚磊（2016G6）認為應存疑待考。今按，說是，該簡上部殘，「一」字上面似有殘筆。

☒安在子張實☒　　　　　　　　　　　　　73EJF2：40

☒……☒

☒□必以謹善為☒　　　　　　　　　　　　73EJF2：41

肩水候史，昭武安新〔1〕里辛壽〔2〕，桼月癸未除，盡九月晦，積九十日，因亡不詣官。案，壽乘邊迹候吏別

……辟吏私自便利不平端，逐捕未得。

始建國五年九月壬午朔辛亥，候長劾移昭武獄，以律令從事。

　　　　　73EJF3：471＋302＋73EJF2：43＋73EJF3：340

【校釋】

簡 73EJF3：471+302 原整理者綴，簡 73EJF2：43+73EJF3：340 雷海龍（2017，91 頁）綴，姚磊（2016G2）、（2018E，37 頁）又綴二者，綴合後補釋第三行「平端」二字。

「九月壬午朔辛亥」許名瑲（2016O）、（2018，338 頁）認為有誤，當為「丙午朔」。羅見今、關守義（2018，70 頁）亦指出年號和九月朔不相合，必有一誤。今按，諸說是，當為原簡書誤。始建國，王莽年號。據徐錫祺（1997，1708 頁），始建國五年九月丙午朔，六日辛亥，為公曆公元 13 年 9 月 29 日。

【集注】

〔1〕安新：里名，屬昭武縣。

〔2〕辛壽：人名，為肩水候史。

☑朔乙卯，肩水城尉畢〔1〕移肩水金關：千人令史李忠〔2〕等自言遣葆

☑……　　　　　　　　　　　　　　　　　　　　　73EJF2：45A

☑　□□□　　　　　　　　　　　　　　　　　　　73EJF2：45B

【集注】

〔1〕畢：人名，為肩水城尉。

〔2〕李忠：人名，為千人令史。

☑□以小官印行候事，謂關嗇　　　　　　　　　　73EJF2：46A

☑　守令史襃〔1〕　　　　　　　　　　　　　　　　73EJF2：46B

【集注】

〔1〕襃：人名，為守令史。

肩水金關 F3

……毋苟留，如律令，敢言之。

三月辛酉，騎司馬兼領居延令事、守丞敞〔1〕寫移，如律令。　／掾譚〔2〕、守令史鳳〔3〕。　　　　　　　　　　　　　　　73EJF3：1

【集注】

〔1〕敞：人名，為居延縣守丞

〔2〕譚：人名，為掾。

〔3〕鳳：人名，為守令史。

☑建國二年十一月癸亥，軍中守司馬、城倉丞立〔1〕移過所：遣令史杜意〔2〕為重☑

張掖酒泉郡中，當舍傳舍，從者如律令。　掾商〔3〕、佐陽〔4〕

73EJF3：2+169

【校釋】

姚磊（2016G3）綴。該簡年屬當為始建國，羅見今、關守義（2018，70頁）指出始建國二年十一月壬辰朔，不得有癸亥，原簡書誤。許名瑲（2018，336頁）則認為簡文曆日無誤，依太初曆術常例閏十月癸亥朔，與簡文史傳不合，太初曆表當修正作「始建國二年閏十一月壬辰朔」。

今按，許說是。據徐錫祺（1997，1702頁），始建國二年閏十月癸亥朔，十一月壬辰朔。但從大量簡文來看，始建國二年當為十一月癸亥朔，閏十一月壬辰朔。

【集注】

〔1〕立：人名，為守司馬、城倉丞。

〔2〕杜意：人名，為令史。

〔3〕商：人名，為掾。

〔4〕陽：人名，為佐。

☑買葵〔1〕、韭、葱給刁將軍、金將軍家屬　　　　　　　　　73EJF3：38

【集注】

〔1〕葵：何雙全（1986，254頁）：史書記載中有二說，一曰菜，一曰葵傾，即向日葵。據簡文量之以斗計，可知為顆粒狀物，非葉莖類菜。很可能就是現在的向日葵。

今按，該簡「葵」和「韭、蔥」並列，當指葵菜而言。《詩經‧豳風‧七月》：「七月亨葵及菽。」

始建國天鳳元年十二月己巳朔壬午〔1〕☑

移肩水金關：遣吏奏檄詣府，官除如牒，書到☑　　　　73EJF3：39A

張掖橐他候印

嗇夫詡〔2〕發　　□□☑

十二月甲申來　　　　　　　　　　　　　　　　　　73EJF3：39B

【集注】

〔1〕始建國天鳳元年十二月己巳朔壬午：天鳳，王莽年號。據徐錫祺（1997，
1710 頁），天鳳元年十二月己巳朔，十四日壬午，為公曆公元 14 年 12 月
24 日。

〔2〕詡：人名，為嗇夫。

出入，如律令。　　　　　　　　　　　　　　　　　73EJF3：40A

閏月十二日，騎一人，南，關□入　　　　　　　　　73EJF3：40B

居攝三年三月戊申朔辛酉〔1〕，守令史鳳〔2〕敢言之□☑
當得以令取傳，名縣爵里年姓如牒，謁移過☑　　　　73EJF3：43

【集注】

〔1〕居攝三年三月戊申朔辛酉：居攝，漢孺子嬰年號。據徐錫祺（1997，1697 頁），
居攝三年三年三月戊申朔，十四日辛酉，為公曆公元 8 年 5 月 8 日。

〔2〕鳳：人名，為守令史。

始建國天鳳元年十二月☑
戍卒市藥右平郡☑　　　　　　　　　　　　　　　　73EJF3：44

建平元年十一月癸卯□□□☑
……☑　　　　　　　　　　　　　　　　　　　　　73EJF3：45

俱之夷胡〔1〕隧下田中耕牧牛，莫宿塈☑　　　　　73EJF3：46

【校釋】

「耕」字原作「秖」。相同的字又見於簡 72EJC：80，作形，整理者釋為「耕」。
此統一釋「耕」。

【集注】

〔1〕夷胡：隧名。

後候長昌〔1〕、西部候長丹〔2〕敢言之：廷檄曰府移　酒泉☑

73EJF3：50+533

【集注】

〔1〕昌：人名，為候長。

〔2〕丹：人名，為西部候長。

☑□候誠毋所得穀，毋泉，戎長送　　　73EJF3：51

付受日時椑蓋各如牒，其三牒不□□☑　　73EJF3：53

城倉受稟或多或少，肩水未推校，候不能曉知，戎遣令史章〔1〕持簿

73EJF3：54+512

【校釋】

姚磊（2016F8）、（2017N，35 頁）綴。

【集注】

〔1〕章：人名，為令史。

☑明府財哀省察　叩頭死☑　　　　73EJF3：56

☑自言幸得以赦令除，用卷約〔1〕責普〔2〕，普服負〔3〕不得除

73EJF3：60+283

【校釋】

姚磊（2016G3）綴。

【集注】

〔1〕卷約：「卷」通「券」。卷約即券約。

〔2〕普：人名。

〔3〕服負：徐世虹（2001，126 頁）：驗問如果屬實，被告承服，此稱「服」。若是
承認負債則稱「服負」。

今按，其說是。服負即承認負債。

未能視事，叩頭死罪，敢言之。　　　73EJF3：67

發財物，若留難☑　　　　　　　　73EJF3：68

教告關嗇☑   73EJF3：69

☑……   73EJF3：72+70

詣門下☑☑   73EJF3：71

☑□得捕□   73EJF3：73

☑□用□□□   73EJF3：74

多□發財物□☑   73EJF3：75

始建國三年三月庚申朔乙亥〔1〕，居延宰明〔2〕、丞良〔3〕移☑

祿監武威郡中。當舍傳舍，從者如律☑   73EJF3：76+448A

居延宰之印　　☑   73EJF3：76+448B

【集注】

〔1〕始建國三年三月庚申朔乙亥：始建國，新莽年號。據徐錫祺（1997，1703
　　頁），始建國三年三月庚申朔，十六日乙亥，為公曆公元 11 年 5 月 7 日。

〔2〕明：人名，為居延縣宰，縣令新莽時期稱縣宰。

〔3〕良：人名，為居延縣丞。

☑肩水禁姦〔1〕隧長代王譚〔2〕

☑二千四百七十六泉〔3〕六分   73EJF3：78+623

【校釋】

　　謝坤（2017B，69 頁）遙綴簡 73EJF3：483 和該簡。今按，兩簡形制、字體筆
迹等較一致，或屬同一簡，但不能直接拼合。

【集注】

〔1〕禁姦：隧名。

〔2〕王譚：人名。

〔3〕泉：紀寧（2017，53 頁）：新莽簡。「泉」是新莽時期貨幣單位的一種專稱，也
　　是類似於現代漢語元的計數單位。

　　　　今按，其說是。「泉」為新莽時期對「錢」的稱謂。參簡 73EJT23：277
　　「泉」集注。

始建國三年六月己未☑   73EJF3：79+509

【校釋】

　　姚磊（2019F1）遙綴該簡和簡 73EJF3：510。今按，兩簡不能直接拼合，或可遙綴，暫不綴合作一簡。

☒☒☒☒☒☒	
☒□佐肥〔1〕　☒	73EJF3：82A
☒　亭長誼〔2〕☒	73EJF3：82B

【集注】

〔1〕肥：人名，為佐。

〔2〕誼：人名，為亭長。

君名

始建國□　　　　　　　　　　　　　　　　　　　　　73EJF3：103

始建國三年三月辛酉朔辛未，列人〔1〕守丞　別送治簿卒〔2〕張液、居延，移
□□南代卒（竹簡）　　　　　　　　　　　　　　　73EJF3：104

【校釋】

　　第一行「液」原作「掖」，李洪財（2017）釋，此字當為原簡偶爾的書誤。又關於該簡年代，許名瑲（2016O）、（2018，337 頁）認為「三月」的「三」當為「二」，書手誤寫。羅見今、關守義（2018，70 頁）亦指出「辛酉朔」實為該年二月。今按，諸說是。原簡書寫或有誤。

【集注】

〔1〕列人：廣平國屬縣。《漢書・地理志下》：「列人，莽曰列治。」

〔2〕治簿卒：當即製作簿籍的戍卒。

始建國二年七月乙丑〔1〕，脩都〔2〕宰、丞豐〔3〕移過所☒　　73EJF3：111

【集注】

〔1〕始建國二年七月乙丑：始建國，新莽年號。據徐錫祺（1997，1702 頁），始建國二年七月乙丑朔，為公曆公元 10 年 7 月 1 日。

〔2〕脩都：據《漢書・地理志》，脩都為朔方郡屬縣。

〔3〕豐：人名，為脩都縣丞。

☑□亭，今候長、亭隧長皆不居治所，毋吏卒，橐他莫當〔1〕隧候長

73EJF3：112

【集注】

〔1〕莫當：隧名。

居聑三年二月戊寅朔癸卯〔1〕，杜衍〔2〕守丞莊〔3〕移過所：遣亭長垣黨〔4〕為
郡送絳〔5〕張掖居
延都尉府，當舍傳舍，從者如律令。　／掾並〔6〕、守令史奮〔7〕。

73EJF3：114+202+168

【集注】

〔1〕居聑三年二月戊寅朔癸卯：居聑即居攝，漢孺子嬰年號。據徐錫祺（1997，
　　1697頁），居攝三年二月戊寅朔，廿六日癸卯，為公曆公元8年4月20日。

〔2〕杜衍：南陽郡屬縣。《漢書·地理志上》：「杜衍，莽曰閏衍。」

〔3〕莊：人名，為杜衍縣守丞。

〔4〕垣黨：人名，為亭長。

〔5〕絳：姚磊（2017C3）：從EPT40：6知「絳」可代替錢用來支付官吏的俸祿，
　　從EPT52：569知「絳」可用作獎賞立功將士。由此可知「絳」在當時生活中
　　是較為重要的一種絲織物。

　　　　今按，其說當是。《說文·糸部》：「絳，大赤也。」絳本義為大紅色，或
　　因此引申指大紅色的絲織物。

〔6〕並：人名，為掾。

〔7〕奮：人名，為守令史。

始建國三年八月癸丑朔辛未〔1〕，將屯裨將軍張掖延城〔2〕大尉元〔3〕、丞音〔4〕
遣守史趙彭〔5〕市
······

73EJF3：115

【集注】

〔1〕始建國三年八月癸丑朔辛未：始建國，新莽年號。據徐錫祺（1997，1706
　　頁），始建國三年八月癸丑朔，十九日辛未，為公曆公元12年8月25日。

〔2〕延城：李均明、劉軍（1992，128頁）：居延，莽曰「居成」，此例則稱為「延
　　城」，當為王莽早期所改，後又改稱「居成」。

　　李均明（2004C，145 頁）：「延城」當指居延城，尚屬張掖郡管轄，《新簡》EPT59.104：「延城甲溝候官第三十隊長上造范尊……屬延城部。」按其與西漢時期的對應沿襲關係考察，「延城部」即居延部都尉。簡文「延城大尉」相當於兩漢之「居延都尉」。

　　黃東洋、鄔文玲（2013，134 頁）：《漢志》說新莽時期改居延縣為居成縣，但簡牘資料表明，新莽時期並未將行政系統的居延縣改為居成縣，通過仔細梳理有明確紀年的簡文，發現居延縣在始建國二年、三年、四年，天鳳一年、五年以及地皇年間一直沿用舊名，因此可判定新莽時期居延縣沒有改名，《漢志》載錄不準確。居延縣所領之里可考的有十個，分別是：昌里、沙陰里、通澤里、陽里、三泉里、萬歲里、肩水里、利上里、安樂里、累山里。而根據簡文資料，新莽年間對作為軍事系統的居延部則有二度改名：初年沿用漢制居延部舊名；到始建國三年、四年改稱延城部；天鳳、地皇年間改稱居成部；居成部至少在地皇三年劃歸輔平郡即西漢酒泉郡管轄；該部雖然經過多次改名，但其與甲渠（甲溝）候官的轄屬關係始終未變。

　　今按，諸說當是。「延城」當為新莽時期對「居延部都尉」中「居延」的一個稱謂。

〔3〕元：李均明、劉軍（1992，128 頁）：王莽稱都尉為大尉……大尉元任期上限不早於居攝年間，下限不晚於始建國地皇三年。

　　今按，說是，元為人名，當為居延都尉。

〔4〕音：人名，為丞。

〔5〕趙彭：人名，當為守令史。

▢建國六年二月甲戌朔庚寅〔1〕，肩水城尉畢〔2〕移肩水金關、居延三十井縣
索關：吏所葆▢▢▢▢▢名縣爵里年姓如牒，書到……

73EJF3：116A+208A

斛▢斗

▢……受物故吏還入祿三十九斛六升大　　張欽〔3〕五斛六斗

史宏〔4〕五斛六斗

許成〔5〕五斛六斗

73EJF3：208B+116B

【校釋】

尉侯凱（2016A）、（2017B，353 頁）綴。A 面簡首殘缺處許名瑲（2016O）、
（2018，337 頁）補「始」。今按，據文義補釋可從，但簡首殘斷，當從整理者釋。

【集注】

〔1〕建國六年二月甲戌朔庚寅：始建國，新莽年號。始建國六年即天鳳元年，據徐
　　錫祺（1997，1709 頁），天鳳元年二月甲戌朔，十七日庚寅，為公曆公元 14 年
　　3 月 7 日。

〔2〕畢：人名，為肩水城尉。

〔3〕張欽：人名，為物故吏，即死去的官吏。

〔4〕史宏：人名，為物故吏。

〔5〕許成：人名，為物故吏。

始建國元年二月癸卯朔乙巳〔1〕，橐他守候孝〔2〕移肩水金關、居延卅井縣索
關：吏所葆家
屬私使，名縣爵里年始牒，書到，出入盡十二月。　令史順〔3〕。

　　　　　　　　　　　　　　　　　　　　　　　　　　　　73EJF3：117A

張掖橐他候印　　　　　　　　　　　　　　　　　　　　　73EJF3：117B

【校釋】

A 面第三行「始牒」韓鵬飛（2019，1711 頁）認為是「如牒」的訛寫。今按，
其說當是。「始」字作 形，據辭例當為「如」。

【集注】

〔1〕始建國元年二月癸卯朔乙巳：始建國，王莽年號。據徐錫祺（1997，1699
　　頁），始建國元年二月癸卯朔，三日乙巳，為公曆公元 9 年 2 月 16 日。

〔2〕孝：人名，為橐他守候。

〔3〕順：人名，為令史。

始建國元年六月壬申朔乙未，居延居令，守丞、左尉普〔1〕移過所津關：遣守
尉史東郭
護〔2〕迎船鰼得，當舍傳舍，從者如律令。　掾義〔3〕、令史商〔4〕、佐立
〔5〕。

　　　　　　　　　　　　　　　　　　　　　　　　　　　　73EJF3：118A

居延左尉印

六月八日白發　　　　　　　　　　　　　　　　　73EJF3：118B

【校釋】

　　A 面第三行「船」字原作「舩」，該字實從舟從合，當為「船」字。又 A 面第一行「乙」李洪財（2017）釋「己」，認為此月無「己未」，此「己」當是「乙」之訛。今按，「壬申朔」則該月無「己未」，「乙未」釋讀或不誤。

　　又關於該簡的年代，許名瑲（2016O）、（2018，337 頁）認為始建國元年六月非壬申朔，當校正作「三月壬申朔」。羅見今、關守義（2018，70 頁）亦認為「六月」或是「三月」之誤。今按，諸說是，當為原簡書誤。

【集注】

〔1〕普：人名，為居延縣守丞、左尉。

〔2〕東郭護：人名，為守尉史。

〔3〕義：人名，為掾。

〔4〕商：人名，為令史。

〔5〕立：人名，為佐。

新始建國天鳳上戊六年十二月庚子朔辛丑〔1〕，都鄉嗇夫岑〔2〕敢言之：錯田〔3〕敦德〔4〕常安〔5〕里男子孫康〔6〕

詣鄉，自言為家私使之……過所河津關，毋苛留，敢言之。　　73EJF3：119A

……必必方（習字）　　　　　　　　　　　　　　　　73EJF3：119B

【集注】

〔1〕新始建國天鳳上戊六年十二月庚子朔辛丑：陳槃（2009，11～12 頁）：按新莽篡竊以後，年號凡三易：曰始建國，曰天鳳，曰地皇。天鳳以後，「始建國」之號仍沿用不廢，如曰「始建國天鳳」某年，「始建國地皇」某年是也。此以即位初元冠於新曆上之例，光武同之，如「續祭祀志」之稱「建武中元元年」者是……天鳳二年後，年號之下復繫以「上戊」……今排比簡文，知天鳳二年十一月猶未有是稱。同時有「始建國天鳳上戊二年」一條，而不詳其何月。豈其稱始於天鳳二年十一月之後耶？

　　　今按，說是。天鳳，王莽年號。據徐錫祺（1997，1720 頁），天鳳六年十二月庚子朔，二日辛丑，為公曆公元 19 年 12 月 17 日。

〔2〕岑：人名，為都鄉嗇夫。

〔3〕錯田：郭偉濤（2017A，235 頁）：「錯田」不可解，或與「閒田」有關。

　　　肖從禮（2019，286 頁）：在具體的簡文中「錯田」一詞應指人的身份。

　　　今按，西北漢簡屢見「閒田」一詞，其常置於縣名之後，如「敦德亭閒田平定里」（敦煌漢簡 5）、「敦德亭閒田東武里」（敦煌漢簡 1854）等，其前面的縣名有時亦省去，如「第十三燧長閒田萬歲里」（EPT27·32）、「故吏閒田金城里」（EPT27·8）等。

　　　關於其含義，有諸多學者做過討論。羅振玉、王國維（1993，119 頁）指出：「閒田者，《莽傳》稱諸侯國閒田為黜陟增減，乃用《王制》語，凡郡縣未封之地皆閒田也。」森鹿三（1983A，8 頁）認為：「其典故出自《禮記·王制》，是指未封之地。《漢書·王莽傳》載：『諸侯國閒田為黜陟增減』，可知在諸侯封土之間的土地叫做閒田。意思是說，對有功的諸侯增封土地，而沒收有罪者的領土作為閒田，歸根到底皇帝直轄的郡縣就是閒田。」

　　　薛英群（1991，337 頁）謂：「西北邊郡地區的閒田，非指封土以外的土地，實指各屯田區，包括大司農之屬辟田以外之土地，也就是郡縣行政系統管轄之土地。」吉村昌之（1996，201 頁）：「所謂『閒田』，是源於前漢時期為了軍事目的而經營的農地。在王莽時期被劃歸縣的領屬了。」中國簡牘集成編輯委員會（2001E，8 頁）謂：「本義為王國間待封之地。王莽時在縣後多加閒田二字，如居成閒田，敦德閒田。居延漢簡之閒田，有時又是居成閒田之省，其義同居成縣。」

　　　唐俊峰（2014A，102 頁）認為：「『某縣+閒田』的命名方式，說明閒田是一種設於縣中的建制，這也跟邊郡田官設於候官、縣界中相同……可以說，閒田與縣的功能完全相同，是一種設於縣界裏的『縣中縣』。」冨谷至（2018，78 頁）指出「閒田」為王莽時期縣所屬的皇帝直轄地。

　　　可知「閒田」當是王莽時期歸屬於各縣的一種農田區，有時可指代縣。「錯田」性質當同於「閒田」。但該簡顯示「錯田」加於「敦德」縣名之上，其或說明「錯田」為更大的田區，其可能直接歸屬於郡，範圍內包括有縣。

　　　〔4〕敦德：羅振玉、王國維（1993，119 頁）：敦德亭，即漢敦煌縣。莽時縣以亭名者三百六十，凡縣與郡同名者，亦皆加「亭」字以別之。《漢志》於「敦煌郡」下注「莽曰敦德」，「敦煌縣」下亦注「莽曰敦德」，不云「敦德亭」，則奪「亭」字也。

　　　　饒宗頤、李均明（1995B，170 頁）：敦德，新莽郡名，亦作縣名，即西漢之敦煌，新莽改制先稱「文德」，後再改「敦德」，但作縣名時往往加「亭」字，以便與郡相區別。

　　　　今按，諸說是。該簡「敦德」當指敦煌縣而言，其後未加「亭」字。

　　　　〔5〕常安：里名。

　　　　〔6〕孫康：人名，為申請傳者。

☑建國元年正月癸酉朔戊寅〔1〕，橐他守候孝〔2〕移肩水金關、居延卅井縣索
關：吏葆家屬私

☑縣爵里年姓如牒，書到，出入盡十二月，如律令。　　　　　73EJF3：120A

☑水橐他候印

　　　　　　　　　　守尉史長☑

☑□十日，北，嗇夫欽〔3〕出　　　　　　　　　　　73EJF3：120B

【校釋】

　　　　A 面簡首殘缺處許名瑲（2016O）、（2018，337 頁）補「始」。今按，補釋可從，但該簡殘斷，當從整理者釋。

【集注】

　　〔1〕建國元年正月癸酉朔戊寅：始建國，王莽年號。據徐錫祺（1997，1699 頁），
　　　　始建國元年正月癸酉朔，六日戊寅，為公曆公元 9 年 1 月 22 日。

　　〔2〕孝：人名，為橐他守候。

　　〔3〕欽：人名，為關嗇夫。

☑令城騎千人　守丞、城倉守丞義〔1〕寫移卅井縣索

☑　／兼掾明〔2〕、守令史宏〔3〕。　　　　　　　　　73EJF3：122

【集注】

　　〔1〕義：人名，為城倉守丞。

　　〔2〕明：人名，為兼掾。

　　〔3〕宏：人名，為守令史。

始建國二年十一月癸亥朔癸亥，廣地守候紀〔1〕移肩水金金關：吏詣☑

官除如牒，書到，出入如律令。　　☑　　　　73EJF3：123A+561A

廣地候印　☒
十一月四日入　置輿商　☒　　　　　　　　　73EJF3：123B+561B

【校釋】

姚磊（2016G3）綴合。B 面「置」原簡 73EJF3：123B 作「盡」，郭偉濤（2019D，283 頁）釋。

關於該簡紀年，羅見今、關守義（2018，70 頁）指出該年閏十月癸亥朔，書簡人錯將十月朔下的閏月朔看成十一月朔。許名瑲（2018，336 頁）則認為始建國二年十一月癸亥朔不誤，太初曆表當修正作「始建國二年閏十一月壬辰朔」。今按，許說是。始建國二年當為十一月癸亥朔，閏十一月壬辰朔。

【集注】

〔1〕紀：人名，為廣地守候。

為齊多謝吳季卿、梁佚卿、張君恩、王伯，騂北尹衡☒
毋恙，叩頭叩頭，幸甚幸甚。因白齊卿謝……☒　　　　73EJF3：124A
毋報，叩頭，強飯自愛，慎□□□□☒
有代，至今竟未可知，即當罷，可知多☒　　　　　　73EJF3：124B

始建國元年七月庚午朔丙申〔1〕，廣地隧長鳳〔2〕以私印兼行候文書事，
移肩水金關：遣吏卒官除名如牒，書到，出入如律令。　73EJF3：125A
梁鳳私印
七月廿八日，南。　令史宏〔3〕。　　　　　　　　　73EJF3：125B

【集注】

〔1〕始建國元年七月庚午朔丙申：始建國，王莽年號。據徐錫祺（1997，1700
　　　頁），始建國元年七月庚午朔，廿七日丙申，為公曆公元 9 年 8 月 6 日。

〔2〕鳳：人名，為廣地隧長。

〔3〕宏：人名，為令史。

☒□□□□□□□☒
☒□褒迎令四輔郡☒
☒／掾嚴☒　　　　　　　　　　　　　　　　　　　73EJF3：126

偉卿足下：毋恙，叩頭。閒者起居無它，甚善，賢獨賜正臘□☑
□丞問起居燥濕，叩頭。偉卿強飯厚自愛，慎春氣☑　　　73EJF3：127A
旦暮盡真不久致自愛，為齊數丞問甬君成起居，言歸☑
請叩頭，因為謝驛北尹衡，叩頭叩頭，塞上誠毋它可道者☑　73EJF3：127B

【校釋】

　　A面第一行「賢」字秦鳳鶴（2018C，283頁）釋作「質」。今按，該字作█形，釋「質」恐非是，暫從整理者釋。

校肩水三時簿，鞮瞀〔1〕二百一十三。　　　　　　　　73EJF3：150A
／掾、令史章〔2〕。　　　　　　　　　　　　　　　　73EJF3：150B

【校釋】

　　B面「令」原作「尉」，李洪財（2017）釋。

校肩水三時簿，甲鎧二百一十三　　☑　　　　　　　　73EJF3：520

【校釋】

　　以上兩簡形制、字體筆迹等一致，內容相關，當屬同一簡冊，可編連。

【集注】

〔1〕鞮瞀：羅振玉、王國維（1993，180～105頁）：瞀，或作「鍪」。《韓策》「甲盾鞮鍪」。《漢書‧揚雄傳》「鞮鍪生蟣蝨」，師古曰：「鞮鍪，即兜鍪也。」亦作鞮䪜。《漢書‧韓延壽傳》「被甲鞮䪜」，《廣雅》「兜䪜謂之胄」是也。唯《墨子‧備水篇》「劍甲鞮瞀」，正作「瞀」，與此簡同。案，《說文》：「鍪，鍑屬。」「䪜，車軸束也。」均與兜鍪無涉。兜鍪之「鍪」，當作「瞀」字……此三簡皆作「瞀」，從「目」，與《墨子》之「瞀」字，同為古誼之僅存者矣。《說文》：「瞀，氐目謹視也。」《玉篇》：「瞀，目不明貌。」古者戴胄則掩其面，故須氐目而視，目亦為之不明。然則《說文》《玉篇》所舉，正「瞀」字引申之誼，而鞮瞀之「瞀」乃其本義也。古者以革為鞮瞀，故其字或變而從「革」，後易以「金」，故又變而從「金」，而瞀字遂廢不用。《淮南‧道應訓》：「於是乃去其瞀而載之木，解其劍而帶其笏。」高誘注：「瞀，被髮也。木鷩，鳥冠也，知天文者冠鷩。」按，瞀即兜鍪，故與劍並言，高注失之。據此，則後漢之末，已不識瞀字矣。

　　　　勞榦（1960，51頁）：今據居延簡之革甲鞮瞀並裝有絮，此於古制尤多增一解矣。

　　　　陳槃（2009，207頁）：今案簡文或云「革鞮瞀」、或云「鐵鞮瞀」；或云「革甲」。或云「鐵鎧」，是漢代甲冑或以革，或以鐵，非謂鐵甲冑已興，而革甲冑遂廢而不用也。

　　　　薛英群、何雙全、李永良（1988，73頁）：即頭盔，作戰時用來保護頭部的帽字。《墨子・備水篇》：「劍甲鞮瞀。」

　　　　今按，諸說是。「鞮瞀」即「兜鍪」，為戰士頭盔。其有革製的，也有鐵製的。

〔2〕章：人名，為令史。

如府記，課有意，毋狀者加慎有　　　　　　　　　　　　　　73EJF3：152

始建國元年十二月戊戌朔己酉〔1〕，肩水關守嗇夫岑〔2〕以私印行候文書事，謂關：
書到，出入如律令。　　　　　　　　　　　　　　　　　　73EJF3：153

【集注】

〔1〕始建國元年十二月戊戌朔己酉：始建國，王莽年號。據徐錫祺（1997，1700
　　頁），始建國元年十二月戊戌朔，十二日己酉，為公曆公元 9 年 12 月 17 日。

〔2〕岑：人名，為肩水關守嗇夫。

始建國三年八月癸丑朔丙子〔1〕，將屯褲將軍張掖右大尉咸康里附城〔2〕
　　　　　　　　　　　　　　　　　　　　　　　　　　　　73EJF3：154

【集注】

〔1〕始建國三年八月癸丑朔丙子：始建國，新莽年號。據徐錫祺（1997，1706
　　頁），始建國三年八月癸丑朔，廿四日丙子，為公曆公元 12 年 8 月 30 日。

〔2〕咸康里附城：莊小霞（2006，187頁）：王莽改革爵制，由關內侯改為附城，
　　其封號的形式是「某某里」，所以封號加爵級的形式就是「某某里附城」，其中
　　「某某里」並不是指行政區劃中的里。《額簡》所謂「奉聖里附城」，「奉聖里」
　　是封號，作為封號的「奉聖里」是唯一的，爵級是「附城」，「奉聖里附城」則
　　是學大夫滿昌的封號和爵級連稱。

劉樂賢（2007，86 頁）：簡文的「學大夫」是官名，「奉聖里附城」是封號和爵級。

今按，「附城」又見於額濟納漢簡 2000ES9SF3：5 號簡：「學大夫奉聖里附城滿昌」。上引諸看法即據額濟納簡所言。其說甚是，該簡「咸康里」為封號，「附城」為爵級。

始建國三年五月庚寅朔壬辰〔1〕，肩水守城尉萌〔2〕移肩水金關：吏所葆名如牒，書

到，出入如律令。　　　　　　　　　　　　　　　73EJF3：155A

／置〔3〕興鳳〔4〕。　　　　　　　　　　　　　　73EJF3：155B

【集注】

〔1〕始建國三年五月庚寅朔壬辰：始建國，新莽年號。據徐錫祺（1997，1703 頁），始建國三年五月庚寅朔，三日壬辰，為公曆公元 11 年 5 月 24 日。

〔2〕萌：人名，為肩水守城尉。

〔3〕置興：「置興」當為該簡文書簽署的書記官，其或為王莽時期對「置佐」的稱謂。

〔4〕鳳，人名，為置興。

詔書成屬延亭〔1〕，元年三月八日到署。　　遣宗屬隧長王誼〔2〕、候史房宗〔3〕
　　　　　　　　　　　　　　　　　　　　　　　73EJF3：157

【校釋】

該簡年代羅見今、關守義（2018，70 頁）認為是天鳳。今按，其說當是。

【集注】

〔1〕延亭：饒宗頤、李均明（1995B，171 頁）：延亭，新莽郡名……延亭當為新莽時在原漢居延縣基礎上新設之郡，與原張掖郡（後稱設屏）分離。

黃東洋、鄔文玲（2013，134 頁）：有資料表明，新莽時期很可能在居延一帶先後增設過「居成郡」和「延亭郡」。「居成間田」可能屬於居成郡所領。延亭郡可能只是在新莽末期短時存續。如果居成郡和延亭郡的判定不誤的話，則新莽時期對漢制居延一帶的郡縣建置應有過多次調整。大約《漢志》只著錄了存續時間較長、影響較久的部分。

今按，諸說當是。

〔2〕王誼：人名，為隧長。

〔3〕房宗：人名，為候史。

房〔1〕叩頭白嗇夫趙卿：為見不一 ┕二，幸為得一石粟，甚☐

73EJF3：159A

厚，願幸為以餘泉百五十，糴一石米，少俱來取之，幸甚幸甚☐

73EJF3：159B

【集注】

〔1〕房：人名，為致信者。

其隧天田二十一日夜人定〔1〕時，到驛北亭塞外河邊，可半里所，遣

73EJF3：160

【集注】

〔1〕人定：張德芳（2004，202～203 頁）：「人定」是夜半之前的一個時稱，十二
時稱之一，用的比較廣泛……「人定」之後，懸泉漢簡還有「夜過人定」的用
法，和「人定」所指時間，略有前後的區別。

冨谷至（2018，91～92 頁）：夜人定時為二十一時左右。人定是指夜深人
靜之時。

今按，諸說是。

以警備絕不得令耕，更令假就田宜可且貸，迎鐵器吏所　　　　73EJF3：161

【校釋】

「耕」字原作「秨」。相同的字又見於簡 72EJC：80，作□形，整理者釋為「耕」。
此統一釋「耕」。

明府仁恩深厚，哀憐未忍行重，誅□殺身，肝　　　　73EJF3：162
掾復校尹嬈時檢器傳相付刑狀，當誰負者　　　　73EJF3：163

將軍令曰：諾。謹問罪，叩頭死罪，對曰：今年三月中，永〔1〕與倉嗇夫賞〔2〕、
倉南亭長黨〔3〕　　　　73EJF3：164

【集注】

〔1〕永：人名。

〔2〕賞：人名，為倉嗇夫。

〔3〕黨：人名，為蒼南亭長。

胡亭長詡〔1〕記曰：女子聞永〔2〕泰月十二日夜亡衣物，疑乘山〔3〕隊長張彭
〔4〕、庠竟〔5〕隊長李樂〔6〕、金城〔7〕隊　　　　　　　　73EJF3：165

【集注】

〔1〕詡：人名，為亭長。

〔2〕聞永：人名。

〔3〕乘山：隧名。

〔4〕張彭：人名，為乘山隧長。

〔5〕庠竟：隧名。

〔6〕李樂：人名，為庠竟隧長。

〔7〕金城：隧名。

城官令楊季掾教，宜往視　　　　　　　　73EJF3：166

並、守司馬章〔1〕兼行丞事，謂過所縣道：遣守城尉許永〔2〕迎菱卒〔3〕延城
　　　　　　　　73EJF3：167

【集注】

〔1〕章：人名，為守司馬。

〔2〕許永：人名，為守城尉。

〔3〕菱卒：當為伐菱的戍卒。

始建國天鳳三年四月壬戌朔丁……

蕭遷、尉史刑張〔1〕等追亡吏卒范威〔2〕等，名如牒，書到，出入如律令
　　　　　　　　73EJF3：171

【集注】

〔1〕刑張：人名，為尉史。

〔2〕范威：人名，為亡吏卒。

白□　　　　　　　　73EJF3：173

……不肯歸也，莫當〔1〕隧長于曼所屬從在張未召

二 ⌐三日，言方君毋它，皆與關嗇夫家室俱發來度且到

……
73EJF3：197A+174A

……

許有秩坐前：善毋恙，聞者起居毋它，甚善善，叩頭，因言

□□□□問起居行□取□弦及蛗矢〔2〕，箭三枚，藥橐〔3〕二枚，迫
73EJF3：174B+197B

【校釋】

B 面第一行「許」原作「誠」，雷海龍（2017，88 頁）釋。

【集注】

〔1〕莫當：隧名。

〔2〕蛗矢：羅振玉、王國維（1993，175 頁）：蛗矢者，短矢也。《墨子・備穴篇》：
「為短矛，短戟、短弩、蛗矢。」《方言》：「箭三鐮長尺六者，謂之飛蛗。」
古者箭幹長三尺，飛蛗長尺六，則短於他矢矣。亦謂之飛矛，《周禮・夏官・
司弓矢》「枉矢、絜矢、利火射」，鄭注：「枉矢者，取名變星，飛行有光。今
之飛矛是也。」蛗、矛雙聲，故亦謂之飛矛也。

中國簡牘集成編輯委員會（2001C，4 頁）：箭之一種，箭杆較短。

今按，諸說是。「蛗矢」為一種較短的箭矢。

〔3〕藥橐：當為裝藥的袋子。

始建國元年八月庚子朔乙巳〔1〕，南鄉有秩博〔2〕敢言之：悉意虞章〔3〕自言
為家私使之居延，願以令取傳。謹案，

章年卅六、爵公乘如牒，章毋官獄徵事，當得以令取傳，調移居延縣索津關，
出入毋苛留止，

如律令。　／八月乙巳，糵得長、　守丞襃〔4〕移過所，寫移，如律令。　／

掾戎〔5〕、守令史商〔6〕。
73EJF3：175+219+583+196+407

【集注】

〔1〕始建國元年八月庚子朔乙巳：始建國，王莽年號。據徐錫祺（1997，1700
頁），始建國元年八月庚子朔，六日乙巳，為公曆公元 9 年 8 月 15 日。

〔2〕博：人名，為南鄉有秩嗇夫。

〔3〕虞章：人名，為申請傳者。

〔4〕襃：人名，為觻得縣守丞。

〔5〕戎：人名，為掾。

〔6〕商：人名，為守令史。

自恭給日　為相□訴　……　　　　　　　　　　　　　73EJF3：177

始建國天鳳元年十二月己巳朔己卯〔1〕，己曹史陽□

糴穀，願以令取傳。謹案，宣〔2〕毋官獄徵事，當得以令取傳，謁移

……城司馬守丞以右尉印封，守馬丞〔3〕郎〔4〕寫移□□　　73EJF3：179A

婦獨付它人來它，今為尹子春〔5〕……衣者欲寄往……不得致之，今肩水

吏及尹子春皆亡去，尹府調氏池庶士〔6〕□子河守肩水候至……迫秋寒到，

家室

分襏衣被，皆盡新卒又不來，不知當奈何，辭泉食不可□□□數□知曉

　　　　　　　　　　　　　　　　　　　　　　　　　73EJF3：179B

【校釋】

　　B面第四行「襏」字張再興、黃艷萍（2017，75頁）認為左不從「衣」。左所從可能是「才」的訛變。指出「撥」有分發之義，也可以讀作「發」。今按，說可從。該字圖版作![字形]形。

【集注】

〔1〕始建國天鳳元年十二月己巳朔己卯：天鳳，王莽年號。據徐錫祺（1997，1709頁），天鳳元年十二月己巳朔，十一日己卯，為公曆公元14年12月21日。

〔2〕宣：人名，為申請傳者。

〔3〕馬丞：王獻唐（1985，447頁）：漢制各縣令長以下，原有丞尉之設，丞司文書主民事，尉司卒役主盜賊，又有司空主官獄。莽蓋以此三吏，就其原有職掌，改易名稱，非新設之丞也。徒丞為漢制縣丞，本主民事，縣丞亦然，故以徒丞名之。馬丞為漢制縣尉，司馬掌武備，與尉職相合，因以丞名之。空丞為漢制司空，工空一事，周之司空，猶云司工，掌水土工事，漢制縣道工役，類以獄中罪人為之，故由獄吏典司，而名曰司空，與周官司空職掌又同，因以空丞名之。

饒宗頤、李均明（1995B，141 頁）：馬丞、徒丞，新莽將縣丞一分為三，分別稱「馬丞」「徒丞」「空丞」。

今按，諸說是。

〔4〕郎：人名，為守馬丞。

〔5〕尹子春：人名。

〔6〕庶士：羅振玉、王國維（1993，119 頁）：秩庶士者，百石之秩。《莽傳》云「更名秩百石為庶士」是也。

森鹿三（1983A，11 頁）：王莽時期把西漢時代的有秩士吏、有秩候長改為庶士士吏、庶士候長了。

紀寧（2017，52 頁）：新莽簡。王莽更名秩百石名曰庶士。

今按，諸說是。《漢書・王莽傳中》：「更名秩百石曰庶士，三百石曰下士。」秩百石即有秩。

☐鳳元年二月甲戌朔庚辰，肩水候武〔1〕謂關嗇☐
☐縣爵里年姓名如牒，書到，出入如律令☐　　　　　　　　　73EJF3：180A
　　　掾宏〔2〕、令☐
☐……
　　　　　／掾宏、令史□☐　　　　　　　　　　　　　　73EJF3：180B

【校釋】

　　A 面簡首殘缺處許名瑲（2016O）、（2018，338 頁）補「始建國天」。羅見今、關守義（2018，70 頁）亦認為斷簡所失為「天」字。今按，補釋可從，但簡首殘斷，不能確知，當從整理者釋。

【集注】

〔1〕武：人名，為肩水候。

〔2〕宏：人名，為掾。

建始二年閏月己丑朔丙辰〔1〕，犂陽守丞望〔2〕移過所：遣都鄉佐陽成武〔3〕為郡送戍卒張掖郡
居延，縣邑侯國門亭河津，毋苛留，當舍傳舍，從者如律令。　　Ｊ
／守令史常〔4〕。　　　　　　　　　　　　　　　　　　73EJF3：181

【校釋】

　　第一行「犁」原作「犂」，犂即犁，該字金關漢簡中多作「犁」，現統一作「犁」。

【集注】

〔1〕建始二年閏月己丑朔丙辰：建始，漢成帝劉驁年號。據徐錫祺（1997，1621頁），建始二年閏正月己丑朔，廿八日丙辰，為公曆公元前 31 年 2 月 24 日。

〔2〕望：人名，為犁陽縣守丞。

〔3〕陽成武：人名，為都鄉佐。

〔4〕常：人名，為守令史。

☑……☑

☑□□□事坐前：善毋恙，頃之府得毋有它，燭見不一└二，今良白□☑

卿幸哀之，甚厚甚厚，願伏待關，叩頭，比相見，願以城事幸勿乏，叩頭再

拜☑　　　　　　　　　　　　　　　　　　　　　　73EJF3：182A

白　　☑

☑□□門下　　☑　　　　　　　　　　　　　　　　　73EJF3：182B

江並〔1〕叩頭白

子張〔2〕足下：前見不言，因白寧有書記南乎，欲與家相聞　73EJF3：183A

者且居關門上臥，須家來者可也，何少乏者出之，叩頭叩頭，方伏前

幸甚，謹使使再拜白。／並白虞勢〔3〕馮司馬家，前以傳出，今內之。

　　　　　　　　　　　　　　　　　　　　　　　　73EJF3：183B

【校釋】

　　B 面第二行「勢」原作「勢」，「勢」即「勢」，該字漢簡常見，現一並釋為從「力」作「勢」。

【集注】

〔1〕江並：人名，為致信者。

〔2〕子張：人名，當為受信者之字。

〔3〕虞勢：人名。

☑□年十一月癸亥朔壬辰，居延守宰、城倉守宰詡〔1〕、守丞習〔2〕，移肩水金關：

遣騎士史永〔3〕等百百二十人，以詔書持兵馬之西或，卒馬十二匹。名如牒，書到，出入如律令。　　　　　　　　　　　　　　73EJF3：184A

居延丞印

☑月三日入。　兼掾永〔4〕、守令史黨〔5〕。　　　　　　73EJF3：184B

【校釋】

　　該簡年代羅見今、關守義（2018，73 頁）認為是初元元年。許名瑲（2018，328頁）認為是光武帝建武廿二年（46）。姚磊（2018E，82 頁）則從郭偉濤說認為屬始建國二年（10）。郭偉濤（2019D，283 頁）指出為始建國二年。又 B 面姚磊（2018E，84 頁）、郭偉濤（2019D，283 頁）推測應為閏十一月三日入。

　　今按，姚、郭說是，該簡當屬始建國二年。始建國二年十一月癸亥朔，閏十一月壬辰朔。

【集注】

〔1〕詡：人名，為居延守宰、城倉守宰。

〔2〕習：人名，為守丞。

〔3〕史永：人名，為騎士。

〔4〕永：人名，為兼掾。

〔5〕黨：人名，為守令史。

☑　稽落〔1〕亭三月過　☑

☑　客檄書名籍　☑　　　　　　　　　　　　　　　73EJF3：185A

☑　丿☑　　　　　　　　　　　　　　　　　　　　73EJF3：185B

【集注】

〔1〕稽落：亭名。

十二月乙卯，張掖肩水都尉彊〔1〕下肩水候、北部都尉，承書從事，下當用者☑次傳，別書相報，不報者，重追之，書到言。　卒史霸〔2〕、屬賢〔3〕。　　☑

　　　　　　　　　　　　　　　　　　　　　　　73EJF3：186+188

【集注】

〔1〕彊：人名，為肩水都尉。

〔2〕霸：人名，為卒史。

〔3〕賢：人名，為屬。

☒　□家屬☒　　　　　　　　　　　　　　　　　73EJF3：187A

☒……☒

☒□□尉史敞☒　　　　　　　　　　　　　　　　73EJF3：187B

居聑三年二月戊寅朔癸……並、丞岑〔1〕移過所：過守尉周重〔2〕

為郡送絳張掖居延都尉府，當舍傳舍，從者如律令。　　／掾鳳〔3〕、令史博〔4〕。

　　　　　　　　　　　　　73EJF3：470+564+190+243+438

【校釋】

　　簡 73EJF3：470+564+190+243 原整理者所綴，姚磊（2016F8）、（2017N，31 頁）又綴簡 73EJF3：438。第一行第二個「過」字據文義當為「遣」字，原簡書誤。

【集注】

〔1〕岑：人名，為丞。

〔2〕周重：人名，為守尉。

〔3〕鳳：人名，為掾。

〔4〕博：人名，為令史。

居聑三年三月戊申朔戊申〔1〕，張掖居延都尉昌〔2〕、丞音〔3〕謂過所：遣書佐曹相〔4〕行驛馬

肩水……掾宣〔5〕、卒史譚〔6〕、書佐丹〔7〕。　　　　　73EJF3：482+193+508

【校釋】

　　簡 73EJF3：482+193 原整理者綴，姚磊（2016F8）、（2017N，36 頁）又綴簡 73EJF3：508。

【集注】

〔1〕居聑三年三月戊申朔戊申：居聑即居攝，漢孺子嬰年號。據徐錫祺（1997，1697 頁），居攝三年三月戊申朔，為公曆公元 8 年 4 月 25 日。

〔2〕昌：人名，為居延都尉。

〔3〕音：人名，為丞。

〔4〕曹相：人名，為書佐。

〔5〕宣：人名，為掾。

〔6〕譚：人名，為卒史。

〔7〕丹：人名，為書佐。

□□隧布薰一，循〔1〕粦：觻得安國〔2〕里、姓□氏、年二十三，始□▨

73EJF3：199

【校釋】

簡首未釋二字雷海龍（2017，88頁）補釋「驪喜」。今按，補釋可從，但圖版右半缺失，不能確知，暫從整理者釋。

林〔3〕三五月二日盜萬福〔4〕布韋三，└二十八日盜第六隧鎧裏二，六月黍日▨

73EJF3：242

驪喜〔5〕布薰一，持歸隧突中，至黍月中為吏所□▨　　　　73EJF3：417

▨□要虜〔6〕隧承弦〔7〕三，盜東望〔8〕隧布蓬一，└二十□▨

73EJF3：455

▨□循盜隧布蓬一，盜第六隧鎧□▨　　　　73EJF3：557

【校釋】

姚磊（2017A3）、（2018E，38頁）綴合簡73EJT7：50和該簡。今按，兩簡出土於不同地點，茬□處不能拼接，不能復原「成」字。似不能綴合。

鎧裏二□□□□□▨　　　　73EJF3：567

【校釋】

以上六簡出土於同一地點，形制、字體筆迹等相同，內容相關，當屬同一簡冊，可以編連。其中簡73EJF3：199、73EJF3：242、73EJF3：455、73EJF3：557、567我們認為可以編連，姚磊（2017I2）又補入簡73EJF3：417。

【集注】

〔1〕循：人名。

〔2〕安國：里名。

〔3〕林：人名。

〔4〕萬福：隧名。

〔5〕驩喜：隧名。

〔6〕要虜：隧名。

〔7〕承弦：羅振玉、王國維（1993，174頁）：承弦，未詳何物，但用糸為之，則非弓弩兩端繫弦之處，亦非機牙之鉤弦者，疑謂副弦也。《左傳》：「子繫之，鄭師為承。」承者，繼也，副也。弦必有副，所以備折絕也。《太白陰經·器械篇》：「弩二分，弦六分，副箭一百分。二千五百張弩，七千五百條弦，二十五萬隻箭。弓十分，弦三十分，副箭一百五十分，弓一萬二千五百張，弦三萬七千五百條，箭三十七萬五千隻。」則弓弩與弦常為一與三之比例，承弦或謂是歟？

　　勞榦（1960，49頁）：弦有糸弦有枲弦，「糸」《說文》曰「細絲也」，故糸弦即絲弦……其弦之副者則曰承弦……有六石具弩二，而有糸承弦十，復有弩長弦五，較弩多數倍。則承弦之為備用之弦，於茲可證。

　　中國簡牘集成編輯委員會（2001G，30頁）：承，繼也。承弦即備用弓弦，或稱副弦。

　　李均明（2009，263頁）：弩弦是弩弓上用以彈射箭矢的弦繩。

　　今按，諸說是。「承」意為接續，繼承。《詩·秦風·權輿》：「于嗟乎，不承權輿。」毛傳：「承，繼也。」承弦則為備用之弦。

〔8〕東望：隧名。

始建元年三月壬申朔己丑〔1〕，關嗇夫欽〔2〕以小官印行候文書事，謂關
嗇夫：吏使名縣爵里年姓如牒，書到，出入如律令。

73EJF3：338＋201＋205A＋73EJT7：148

尉史昌〔3〕
73EJF3：205B

【校釋】

　　簡 73EJF3：338＋201 原整理者綴，雷海龍（2016D）、（2017，90頁）又綴簡73EJF3：205 和簡 73EJT7：148。A 面第一行「始建」後許名瑲（2016O）、（2018，338頁）補「國」字。羅見今、關守義（2018，70頁）亦認為原簡缺「國」字。今按，補釋可從，當為原簡書寫脫漏。

【集注】

〔1〕始建元年三月壬申朔己丑：始建國，王莽年號。據徐錫祺（1997，1699 頁），
始建國元年三月壬申朔，十八日己丑，為公曆公元 9 年 4 月 1 日。

〔2〕欽：人名，為關嗇夫。

〔3〕昌：人名，為尉史。

部上書言物□國□故漢氏宗室劉……始建國二年□	73EJF3：388+206
廣地候史□□葆　……年□　會赦歸昭武	73EJF3：207

□□坐前：毋恙，前見不一└二└，叩頭叩頭。因白幸為並請麴一└二└斗，
及葵一└二└斗所　　　　　　　　　　　　　　　73EJF3：212A

□□請之，叩頭叩頭。幸甚，為見不一└二└，叩頭叩頭，謹使使再拜。

73EJF3：212B

□　寬意幸酒食□☑（削衣）	73EJF3：213
☑□□□□為居延□☑	73EJF3：214A
☑……☑	73EJF3：214B
……事……	73EJF3：216A
……	73EJF3：216B

□□請□□□謹請□君莫泉二百，受教，唯哀之，叩頭叩頭

73EJF3：309B+593B+217A

召襄叩頭白任掾絮成掾何時到拜食待，願幸臨之，幸甚幸甚

73EJF3：217B+309A+593A

☑移肩水金關□□行□□□□	73EJF3：218A
☑　□□□□	73EJF3：218B

二月辛巳，斛得守□□□守丞賞□□□□□□□□□☑　　　73EJF3：220

【校釋】

簡末未釋三字韓鵬飛（2019，1719 頁）作「如律令」。今按，說或是。該簡右
半缺失，字多不可辨識，暫從整理者釋。

張掖□□丞印　……	73EJF3：221A
☑如牒，書到，出入如律令……	73EJF3：221B
☑□皆風明又又又☑	73EJF3：222

☑……（習字）　　　　　　　　　　　　　　　　　73EJF3：224

☑□使者二千石所，以都試〔1〕眾吏也。　或壞不壞，白之　　73EJF3：225

【集注】

〔1〕都試：邢義田（2011C，105頁）：其餘漢簡中資料皆曰秋射。秋射發十二矢，
　　以六為中程，過程一矢賜勞十五日，否則奪勞。從賞罰來看，秋射和都試似不
　　相同。上引第二條謂「都試騎士馳射，最，率人得五算半算」。第一，測試的
　　對象不同。秋射是以邊塞的候、燧長為對象；都試是試騎士。第二，獎賞方式
　　不同。所謂「最」，是漢代考績術語，即成績評為最高者為「最」。

　　　　今按，說當是。「都試」漢簡屢見，如居延漢簡40‧18「抵校因都試馳射
　　會月□」、居延新簡EPT52‧783「九月都試騎士馳射最率人得五算半算」。又
　　《漢書‧翟義傳》：「於是以九月都試日斬觀令，因勒其車騎材官士，募郡中勇
　　敢，部署將帥。」顏師古注引如淳曰：「太守、都尉、令長、丞尉，會都試，
　　課殿最也。」可知都試為年終歲末對官吏的考核，其和秋射有所不同。

☑國三年八月癸丑朔庚申，守尉　右　　　　　　　73EJF3：228+617

【校釋】

　　姚磊（2016G3）綴，「尉」原作「一封」，綴合後釋。

永始三年二月庚辰　　　　　　　　　　　　　　　73EJF3：229+542

【校釋】

　　姚磊（2016F8）、（2017N，36頁）綴合該簡和簡73EJF3：528。今按，綴合處
字間距較大，兩簡字體筆迹也不一致，或不能綴合。

☑……令　　　　　　　　　　　　　　　　　　　73EJF3：235

蠡塗不堊，苟合而已□☑　　　　　　　　　　　　73EJF3：236

二月二十□□　☑

□白□□□　☑　　　　　　　　　　　　　　　　73EJF3：238A

……　☑　　　　　　　　　　　　　　　　　　　73EJF3：238B

【校釋】

A 面第二行「白」下第二字姚磊（2016F6）釋「色」。今按，補釋或可從，但圖版漫漶不清，不能辨識，當從整理者釋。

☐卯朔甲午，肩水塞尉放〔1〕別將轉敢言之：就人鑠得城　　　73EJF3：244

【集注】

〔1〕放：人名，為肩水塞尉。

☐發得辤具此　　　　　　　　　　　　　　　　　　　　　　73EJF3：246

·肩水候官始建國二年三月癸卯，尹府調居延城倉粟九千石，已入〔1〕。未☐
　　　　　　　　　　　　　　　　　　　　　　　　　　　　73EJF3：249

【校釋】

許名瑲（2016O）、（2018，338 頁）認為始建國二年三月丁卯朔，是月無癸卯。三月或是二月、三月之訛。羅見今、關守義（2018，70 頁）亦認為不得有癸亥。今按，諸說當是，原簡或書誤。

【集注】

〔1〕已入：許名瑲（2016O）、（2018，338 頁）：「已入未」亦不辭，當為「己未入」之訛。

今按，許說斷句不當，「已入」應當是說粟九千石已經入庫。

……延……隧漢……☐　　　　　　　　　　　　　　　　　73EJF3：250

如律令，敢言之。

十月庚戌，樂得行宰事、守馬丞☐　　　　　　　　　　　　73EJF3：254

事迎時見☐時胡虜使☐☐廣土界中，遮行道者舍　　73EJF3：257+435

居延倉言：廋索苛察，毋劉新

☐等過留者　　　　　　　　　　　　　　　　　　　　　　73EJF3：261

☐☐渡河西出上☐☐　　　　　　　　　　　　　　　　　　73EJF3：265

豐〔1〕等辤曰：來持縑三匹、縑褌〔2〕一，縑盛已，布囊在大橐中
　　　　　　　　　　　　　　　　　　　　　　　　　　　　73EJF3：267

【集注】

〔1〕豐：人名。

〔2〕縑襌：「襌」指滿襠褲。《急就篇》：「襜褕袷複褶袴襌。」顏師古注：「合襠謂之襌，最親身者也。」「縑」為雙絲織成的細絹。《說文・糸部》：「縑，并絲繒也。」則縑襌當指用雙絲所織細絹做成的滿襠褲。

察接私弩柰石者　　　　　　　　　　　　　　73EJF3：268

教諸謹與行丞事司馬莊〔1〕，五官掾並雜物賦官奴婢用布絮如牒，糸絮布餘
一斤　　　　　　　　　　　　　　　　　　　73EJF3：433+274

【校釋】

　　「五」字原作「主」，該字圖版作 ![字]，當為「五」。「五官掾」漢簡常見，又見於簡73EJT37：276、73EJT37：780等。而史籍亦可見，陳夢家（1980，120頁）指出：「其職事，《百官志》本注曰『署功曹及諸曹事』，位僅次於功曹。春秋祀饗，居諸曹之首，見《隸釋》一『史晨饗孔廟後碑』及《隸釋》二『桐柏淮源廟碑』。」

【集注】

〔1〕司馬莊：人名。

☑□上里彭年　　　　　　　　　　　　　　73EJF3：275

靳立〔1〕叩頭言：・湌食未入，願知毋恙，叩頭。累造上釜，叩頭叩頭，付記持詣前，叩頭叩頭，叩頭叩頭，白□
趙有秩〔2〕坐前：頃不相見，良苦臨事，起居得無有它？叩頭。一日來賓棠不
備　　　　　　　　　　　　　73EJF3：480B+282B+514A+430A+263A
叩頭，立在於拘吏，以故不往記，叩頭叩頭。且為餘寒白延七詳忍下愚〔3〕有
可使告記，
以從事侍教，毋用□□之故，又闊叩頭叩頭，幸為立再拜謝丈人，立叩頭叩
頭，加強　　　　　　　　　　73EJF3：430B+263B+480A+282A+514B

【校釋】

　　簡73EJF3：480+282和簡73EJF3：430+263為整理者綴，姚磊（2016G3）又

將簡 73EJF3：514 與二者綴合一起，綴合後 A 面簡序作 73EJF3：430A+263A+480B+
282B+514A，此從何茂活（2017A）按簡文內容調整。B 面第三行「闚」字原未釋，
此從雷海龍（簡帛網簡帛論壇 2016 年 8 月 25 日貼）釋。

又 A 面首行「記」字何茂活（2017A）疑為「隧」字，「記」前一字「付」何茂
活（2017A）認為或應釋「傳」。今按，該兩字圖版分別作 、形，其左邊形
體似相同，釋「傳隧」恐不確。又 A 面第二行末未釋字何茂活（2017A）釋為「奏」。
今按，該字圖版作 ，似可為「奏」字，但不能確知，暫從整理者釋。又 A 面第三
行「棠不備」的「棠」字，何茂活（2017A）認為釋「掌」，但就句意而言，似以釋
「棠」為勝，姑存疑。今按，該字圖版作 ，整理者釋讀似不誤。

【集注】

〔1〕靳立：人名，為致信者。

〔2〕趙有秩：何茂活（2017A）：「有秩」為官名，秦漢時鄉五千戶則置有秩，秩百
石。

　　　　今按，其說是。趙有秩為趙姓有秩，受信者。

〔3〕忍下愚：中國簡牘集成編輯委員會（2001G，281 頁）：忍下愚吏士，即容忍、
寬容屬下。

　　　　今按，其說當是。

□□各一，願并須亭南河上□□　　　　　　　　　　73EJF3：284A
□□當事者□　　□　　　　　　　　　　　　　　73EJF3：284B
□諸長今衡蒼成　　□□　　　　　　　　　　　　73EJF3：287A
□右囚辛長辝□　　　　　　　　　　　　　　　　73EJF3：287B

宜里〔1〕男子王少〔2〕、陳巨〔3〕皆自言欲為家私使安定、武威、張掖、
酒泉郡界中。謹案，少、巨皆冊官獄徵事，當得傳，謁移過所，無何
留，如律令。　九月癸酉，梁期〔4〕守丞　寫移過所，如律令。掾恭〔5〕、守
史欽〔6〕。　　　　　　　　　　　　　　　73EJF3：337+513+288+541

【校釋】

　　簡 73EJF3：337+513 姚磊（2016F8）、（2017N，33 頁）綴，簡 73EJF3：288+541
姚磊（2016G2）綴，姚磊（2018B3）又綴合以上兩組簡。第三行「九」原作「六」，
雷海龍（2017，89 頁）釋。

【集注】

〔1〕宜里：里名，屬梁期縣。

〔2〕王少：人名，為申請傳者。

〔3〕陳巨：人名，為申請傳者。

〔4〕梁期：據《漢書・地理志》，「梁期」為魏郡屬縣。

〔5〕恭：人名，為掾。

〔6〕欽：人名，當為守令史。

紀忠〔1〕頓首白

子俓〔2〕坐前：毋恙□□數厚賜，頓首，因言史□□送□

　　　　　　　　　　　73EJF3：292A+594B+630B+627B+308A

今新□……子嚴代迎導，願子俓以迎櫝丸〔3〕

死罪，嚴以手記為信，頓首伏地……73EJF3：630A+627A+308B+594A+292B

【校釋】

　　簡 73EJF3：292+594 原整理者綴，簡 73EJF3：627+308 姚磊（2016G2）、（2017N，43 頁）綴，姚磊（2016G4）又綴合前二者以及簡 73EJF3：630。A 面第二行「□□數厚」原簡 73EJF3：292A+594B 作「謹伏地□」，綴合後釋。又 B 面第一行「新」後未釋字姚磊（2016G4）作「有」。今按，該字圖版作 形，似不為「有」，暫從整理者釋。

【集注】

〔1〕紀忠：人名，為致信者。

〔2〕子俓：人名，為受信者之字。

〔3〕櫝丸：裘錫圭（1982A，56 頁）：弓櫝丸是藏弓之器。《方言・九》：「所以藏箭弩謂之箙，弓謂之鞬，或謂之贖丸。」《儀禮・士冠禮》鄭玄注：「今時藏弓矢者謂之鞬丸也。」「櫝丸」「贖丸」「鞬丸」是一名的異寫。《詩・鄭風・大叔于田》《釋文》引馬融傳、《正義》引《左傳》服虔注，《左傳・昭公二十五年》杜預注、《正義》引賈逵注，都曾提到這種器物，字作「犢丸」或「櫝丸」（各書宋本多作「犢」）。上引馬融等注以「犢丸」稱藏矢之器，《廣雅・釋器》也把「贖觡」解釋為「矢藏」。可見在漢代確如鄭玄所說，藏弓和藏矢之器都有櫝丸之稱。

　　謝桂華、李均明（1982，144 頁）：結合簡牘與文獻記載考察，「櫝丸」與「鞬」應為兩物，前者迺藏弓矢之具，後者則為藏弓之具。

中國簡牘集成編輯委員會（2001A，38 頁）：《後漢書‧南匈奴傳》李賢注引《方言》：「藏弓為鞬，藏箭為韇丸。」《左傳‧昭公二十五年》杜注：「韇丸是箭甬。」故「韇丸」當為一圓筒形的盛箭器。

中國簡牘集成編輯委員會（2001E，292 頁）：韇丸，或稱弓韇丸和弩韇丸，盛弓、弩的容器。

王貴元（2020，21 頁）：韇丸應是以盛弓、弩為主，也兼盛箭的器具，常用配備是一個韇丸盛一張弓和十二支箭。

今按，諸說多是。「韇丸」漢簡又作「韇丸」，文獻中又作「䪅丸」「韇丸」等，藏弓和藏矢之器都有韇丸之稱，該簡明言弓韇丸則作藏弓之用。說其為圓筒形盛箭器不夠全面。

☑徵事，當得以令取傳，謁移過所津關，毋苛留，如律令，敢言☑

☑……移過所，寫移如律令　☑　　　　　　　73EJF3：293

移過所縣道河津關：遣守令史□☑

從者如律令。　☑　　　　　　　　　　　　73EJF3：294

並〔1〕伏地叩頭言買翁〔2〕坐前：谷見不為言言因言☑　　73EJF3：295A
　　　始建國五年五月戊寅朔☑

出錢……
　　　　破署皆貸□□□亭□遣☑　　　　　　73EJF3：295B

【集注】

〔1〕並：人名，為致信者。

〔2〕買翁：受信者，翁當為尊稱。

不以時出入受　☑　　　　　　　　　　　　73EJF3：296

☑□聞往時關吏留難〔1〕商賈　　　　　　　　73EJF3：297

【集注】

〔1〕留難：謝桂華（1993，160 頁）：意即停留阻難，《易林‧觀之震》：「盤紆九回，行道留難。」亦謂於事故意作梗，無理阻撓。《鹽鐵論‧本議》：「間者，郡國或令民作布絮，吏恣留難，與之為市。」

今按，說是。

始建國二年七月乙丑朔庚午〔1〕，甲渠守塞尉忠〔2〕將領右部轉移卅井縣索、
肩水金關：遣就人車兩粟石斗人名如牒，書到，出入如律令。

73EJF3：334A＋299A＋492A

張掖甲渠塞尉　　　　徐褎棄毋
七月十九日入白發　梁黨
延新市員同　佐放〔3〕　　　73EJF3：299B＋492B＋334B

【集注】

〔1〕始建國二年七月乙丑朔庚午：始建國，新莽年號。據徐錫祺（1997，1702
頁），始建國二年七月乙丑朔，六日庚午，為公曆公元 10 年 7 月 6 日。

〔2〕忠：人名，為甲渠守塞尉。

〔3〕放：人名，為佐。

☐月乙丑朔壬申，延亭行連率〔1〕事將屯偏將軍〔2〕、車騎都尉元〔3〕，以故張
掖後大尉印
☐……☐大在所酒泉右平郡……☐
☐　／掾宏〔4〕、史嚴〔5〕、書吏〔6〕☐　　　　　73EJF3：300＋548

【校釋】

姚磊（2016G2）綴，「☐大在所酒泉右平郡」原作「☐☐在所☐☐☐☐☐」，綴
合後釋。又關於該簡年代，許名瑲（2016N）、（2018，329 頁）認為是始建國地皇上
戊元年。今按，其說或是。該簡紀年月份均缺失。

【集注】

〔1〕連率：饒宗頤、李均明（1995B，134 頁）：大尹、卒正、連率，皆為新莽所改
郡太守稱謂。

中國簡牘集成編輯委員會（2001G，225 頁）：王莽時改太守為連率。《漢
書·王莽傳》：天鳳元年，「莽以《周官》《王制》之文，置卒正、連率、大尹，
職如太守。」

今按，諸說是。「連率」為新莽時期對郡太守的稱謂。

〔2〕偏將軍：饒宗頤、李均明（1995B，136 頁）：偏將軍，新莽將軍稱號，《漢書·
王莽傳》地皇元年，「外置大司馬五人，大將軍二十五人，偏將軍百二十五
人，……賜諸州牧號為大將軍，郡卒正、連帥、大尹為偏將軍，屬令長裨將軍，

縣宰為校尉。」

今按，說是。該簡「偏將軍」為車騎都尉的稱號，或和其行連率事有關。

〔3〕元：人名，為偏將軍、車騎都尉。

〔4〕宏：人名，為掾。

〔5〕嚴：人名，為史。

〔6〕書吏：李均明、劉軍（1999，56頁）：書吏，新莽稱漢制「書佐」為「書吏」。

今按，說是。該簡「書吏」位於文書簽署最後一位，同於「書佐」。

☑右大尉守史王音☑故尉史☑居延府　稟☑☑　73EJF3：301

始建國天鳳元年……☑　73EJF3：303

敢言之　73EJF3：313

習〔1〕叩頭言掾執事坐前：監吏無恙，伏見未☐☐☐☐☐　今令史諸折傷　73EJF3：315A

兵任用不任用，狀刃費隨駿或甚延叩頭叩頭，願隨前未敢言言，叩頭叩頭，幸甚　73EJF3：315B

【集注】

〔1〕習：人名，為致信者。

畢坐案，收取田地財物，以備償普穀，身死不☐☑　73EJF3：316

☑☐陽〔1〕即以為放在關外，人遣陽即出，可二十餘步，為　73EJF3：319

【集注】

〔1〕陽：人名。

☑☐家到還，會正☐☐牒　73EJF3：320

井縣索關：吏所葆名縣爵里年姓名如牒，書到，出入如律令　73EJF3：322A

……印　☐　73EJF3：322B

月十一日具記，都倉置牛車，皆毋它已北，尊以即日發去，有屬證居☑

者言居延穀倉出入百十二石耳·祿得〔1〕遣史蚩廉卿〔2〕送卒直肩水，以今月二

……屠李君及諸君，凡六人，車數十百兩，祿得吏民為　　73EJF3：336+324

【校釋】

第二行「直」原未釋，雷海龍（2017，89頁）釋。

【集注】

〔1〕祿得：當即轢得縣，為王莽時所改稱謂。

〔2〕蜚廉卿：「蜚廉」當為姓氏。明王鏊《震澤長語・姓氏》：「太史公又曰：秦之
先為嬴姓。其後分封，以國為姓，有……蜚廉氏。」

敢言之，即日到表是，所將吏蓋戎〔1〕、北鄉庶士孟陽〔2〕任□☒

73EJF3：325

【集注】

〔1〕蓋戎：人名。

〔2〕孟陽：人名，當為北鄉有秩嗇夫。

始建國二年八月甲午朔丙辰〔1〕，肩水庫有秩良〔2〕以小官印行
城尉文書事，移肩水金關、居延三十井縣索關：吏所葆名縣☒

73EJF3：327

【集注】

〔1〕始建國二年八月甲午朔丙辰：始建國，新莽年號。據徐錫祺（1997，1702
頁），始建國二年八月甲午朔，廿三日丙辰，為公曆公元10年8月21日。

〔2〕良：人名，為肩水庫有秩嗇夫。

始建國天鳳五年八月戊寅朔戊寅朔戊寅〔1〕，都鄉庶士惲〔2〕敢言之：客田宣
成〔3〕善居〔4〕里男子程湛〔5〕，自
言為家私使之延亭郡中。謹案，湛毋官獄徵事，當得以令取傳，謁移過所津
關，毋苛，如律
令，敢言之。　　　　　　　　　　　　　　　　　　73EJF3：328A
八月己卯，祿得行宰事、守馬丞　行馬丞事、守徒丞眾〔6〕，移過所，如律令。
／掾高〔7〕、史並〔8〕。　　　　　　　　　　　　　73EJF3：328B

【校釋】

尉侯凱（2017A，35頁）認為 A 面第一行「戊寅朔」後復有「戊寅朔」，後三字顯係衍文。今按，說是。原簡衍「戊寅朔」三字。又 B 面末行「高」字原作「齊」，秦鳳鶴（2018C，284頁）釋作「高」。今按，該字作 ![字形] 形，釋「高」可信。

【集注】

〔1〕始建國天鳳五年八月戊寅朔：天鳳，王莽年號。據徐錫祺（1997，1718頁），
   天鳳五年八月戊寅朔，為公曆公元 18 年 8 月 1 日。

〔2〕憚：人名，為都鄉有秩嗇夫。

〔3〕宣成：即宣城，據《漢書·地理志》，茂陵縣莽曰宣城。從漢簡所見客田之人
   多來自長安等縣來看，該簡宣城當為王莽時茂陵稱謂。

〔4〕善居：里名，屬宣城縣。

〔5〕程湛：人名，為申請傳者。

〔6〕眾：人名，為守徒丞。

〔7〕高：人名，為掾。

〔8〕並：人名，為史。

子……起居平安，毋它，善善，叩頭。因言前子張〔1〕言　　　73EJF3：329A

……　　哀許之已馬，願用一草牛〔2〕戴之　　　　　73EJF3：329B

【集注】

〔1〕子張：人名，為字。

〔2〕草牛：或是指母牛。母驢又稱草驢，如《齊民要術·養牛馬驢騾》：「常以馬覆
   驢，所生騾者，形容壯大，彌復勝馬。然必選七八歲草驢，骨目正大者：母長
   則受駒，父大則子壯。」母馬又稱草馬，如《三國志·魏志·杜畿傳》：「漸課
   民畜牸牛、草馬，下逮雞豚犬豕，皆有章程。」因此草牛當指母牛。

☑□軍令曰：使護豐〔1〕與馬良〔2〕俱逐求之，已復與俱詣府（「曰」字以上
先書）　　　　　　　　　　　　　　　　　　　　73EJF3：330

【集注】

〔1〕護豐：人名。

〔2〕馬良：人名。

車融〔1〕叩頭白之，叩頭叩頭，謹因使再拜白

王士執事：善毋恙，頃久闊不相見，起居毋它，善前所哀　　73EJF3：333A

為賣履，今當急用泉，願蒙命幸甚，行為逐都倉趙候長、田候

長家，亦為賣履，却急具泉，融今日發，欲逐得之，不一└二為曉

73EJF3：333B

【集注】

〔1〕車融：人名，為致信者。

敢言之：氐池男子公乘並〔1〕自言願以令

……　　　　　　　　　　　　　　　　　　　73EJF3：335

【集注】

〔1〕並：人名，為申請傳者。

☑……

☑□傷寒頭，三支不舉，即日加心腹支滿〔1〕，不能飲食。

73EJF3：339+609+601

【集注】

〔1〕支滿：方勇、張越（2017，72 頁）：「支滿」即是指支撐脹滿意……簡文前文
　　提到「傷寒」一詞，由此可見，漢簡中此處的「支滿」應是「傷寒病」的伴隨
　　症狀。

　　　今按，其說恐不妥。「支滿」為一種病症名，該簡不能說明其為「傷寒病」
　　的伴隨症狀。參見 73EJT23：359A「支滿」集注。

津關，吏所葆名縣爵里年姓如牒，書到，出入如律令。　　73EJF3：341A

肩水　　☐　　　　　　　　　　　　　　　　　　　　73EJF3：341B

☑……　　　　　　　　　　　　　　　　　　　　　73EJF3：342

苟留止，如律令。　　父城〔1〕丞印　　／掾嚴〔2〕、令史奮〔3〕。　　73EJF3：350

【集注】

〔1〕父城：穎川郡屬縣。《漢書·地理志上》：「父城，應鄉，故國，周武王弟所封。」

〔2〕嚴：人名，為掾。

〔3〕奮：人名，為令史。

奉經用又不分別餘　　　　　　　　　　　　　　　73EJF3：352

☑□　　□田不能捕得，毋狀，當坐，叩頭叩頭，死罪，敢　73EJF3：353

……　　二月癸未，五官掾憲〔1〕受　　　　　　　　73EJF3：356

【校釋】

「五」原作「主」，該簡圖版字迹已基本消失，據文義來看，當為「五官掾」。

【集注】

〔1〕憲：人名，為五官掾。

口吟〔1〕，身皆完，毋兵刃枚索箠杖〔2〕處，病死　　73EJF3：383

【集注】

〔1〕口吟：裘錫圭（1982B，117 頁）：「口吟」即「嘴閉」之意。

今按，其說是。「吟」當通「噤」，為閉口之義。《史記‧淮陰侯列傳》：「雖有舜、禹之智，吟而不言，不知瘖聾之指麾也。」

〔2〕毋兵刃枚索箠杖處：中國簡牘集成編輯委員會（2001F，223 頁）：鑒定人正常死亡的習用語。身體完整，沒有兵刃、木棍、繩索的擊打和綁勒痕迹。

中國簡牘集成編輯委員會（2001I，88 頁）：司法檢驗術語，指未發現死者有非正常死亡，如兵器利刃、木棒、繩索加害的痕迹。

今按，諸說是。漢簡中又作「毋兵刃木索迹」（EPT57：85）、「身完無兵刃木索」（562‧15）等。「枚索」即「木索」，為刑具。參簡 73EJT31：105「木索」集注。

夫子教之教　就孔人朱審　夫子內入入令史如入（習字）　73EJF3：384A

丈丈令史史九□史三令史歃史史史之（習字）　　73EJF3：384B

糧盡正月，以錢從賓，畢移，得穀簿，前調部官縣糧石斗各有數，往時不部吏
　　　　　　　　　　　　　　　　　　　　　　　73EJF3：386

☑尉史章〔1〕再拜言：當臘門戶及社〔2〕□　　□□泉，毋以辨臘，謹☑
　　　　　　　　　　　　　　　　　　　　　　　73EJF3：390

【集注】

〔1〕章：人名，為尉史。

〔2〕臘門戶及社：陳夢家（1980，237頁）：據《左傳》文，則臘祭乃周制。秦人受之，《史記・秦本紀》惠文君「十二年初臘」，正義云「秦惠文王始效中國為之，故云初臘」。《風俗通義》卷八曰「《禮傳》夏曰嘉平，殷曰請祀，周曰蠟，漢改曰臘」。《獨斷》同，作「漢曰臘」，《廣雅・釋天》則作「夏曰清祀，殷曰嘉平，周曰大蠟，秦曰臘」。《史記》記秦初伏、初臘、伏臘應為周代已有之制，「初」者謂秦國初行，並不是中國初行此制。

殷光明（1996，384頁）：據《左傳》，臘祭是周制，僖公五年曰：「虞不臘矣！」《初學記》卷四載「魏臺訪儀曰：王者各以其行，盛日為祖，衰日為臘。漢火德，火衰於戌，故以戌日為臘」。關於臘日設置，《說文》曰：「臘，冬至後三戌臘祭百神」。又宋祝穆《古今事文類聚》曰：「宋用漢臘，蓋冬至後第三戌大墓日也，是為臘。……古法遇閏歲即以第四戌為臘，不可在一月也。」可知《說文》所記僅為正歲之臘。此外，現知出土漢簡曆譜中，地節元年（閏歲）曆譜以冬至後第四戌日為臘，永光五年曆譜以第三戌日為臘，而顓頊曆施行時期的銀雀山元光元年曆譜是以第二戌日為臘。以此，冬至後三戌為臘（閏歲為第四戌）的臘日設置，當從太初曆才開始施行。

陳直（2009，85頁）：居延戍卒，遠在邊郡，仍舉行社祭，應為春秋二次，即無所謂以里為單位。社祭之錢，集合至千二百，似為一燓之費，不論吏卒，皆可參加。都吏一人，出錢六百，數亦甚鉅。秋祭舉行，時期在九月。社日前後，設有社市，類似於集市，祭社之時，還有社員治計，制度亦頗為完密。

汪桂海（2007，84～85頁）：臘的本義是指一種祭祀。《左傳・僖公五年》杜預注：「臘，歲終祭眾神之名。」古人稱祭百神為「蠟」，祭祖先為「臘」。秦漢以後統稱為「臘」。因此，臘日生活的主要內容就是祭祀……漢代，臘日祭祀的鬼神也包括社神……此外，還要祭祀祖先……還要祭祀戶、灶、中霤、門、行五種鬼神。

中國簡牘集成編輯委員會（2001G，279頁）：臘即臘，冬至後三戌，即以歲終十二月八日祭百神。漢時對百官有賜臘之制。《後漢書・何敞傳》：「但聞臘賜，自郎官以上，公卿王侯以下，至於空竭帑藏，損耗國資。」

今按，諸說多是。「臘」即「臘」，為祭祀名稱。《說文·肉部》:「臘，冬至後三戌，臘祭百神。」「臘門戶及社」是說臘祭門戶神和社神。「社」為土地之神。《白虎通·社稷》:「社者，土地之神也。」又有專門的社祭，陳直所說即是。其和本簡「社」不同。

☑……十　償六月買　☑　　　　　　　　　　　　　　　73EJF3:391

車卻〔1〕叩頭言·白審令毋成酒，急為吏，穰須以成

……　　　　　　　　　　　　　　　　　　　　　　　73EJF3:392A

……

此事急之急者也，須以成事，不可乏，叩頭叩頭，再拜　73EJF3:392B

【集注】

〔1〕車卻:人名，為致信者。

·一力六石，傷兩淵〔1〕各一所，右恬〔2〕三所，皆鐎不□☑　73EJF3:404

【校釋】

「鐎」作形，或當為「鏃」字。

【集注】

〔1〕兩淵:裘錫圭（1981B，31 頁）:《釋名·釋兵》:「弓……其末曰簫，言簫梢也。又謂之弭，以骨為之，滑弭弭也。中央曰弣。弣，撫也，人所撫持也。簫弣之間曰淵。淵，宛也，言宛曲也。」……弩弓是橫張的。左右淵當分指弓體左右部的宛曲部分。

中國簡牘集成編輯委員會（2001F，13 頁）:淵，弓臂與憮之兩側間彎曲部位。

今按，諸說是。弓兩端叫簫，中央叫弣，淵為簫弣之間彎曲的部分。

〔2〕右恬:從文義來看，當指弩弓的某一部分或某一組成機件，存疑待考。又「恬」字作形，不排除釋讀錯誤的可能。

敕……因白事屬□教乘山〔1〕吏張彭〔2〕、庍竟〔3〕吏李樂〔4〕，卒

　　　　　　　　　　　　　　　　　　　　　　　　　73EJF3:408A

到謹□　□卿　　　　　　　　　　　　　　　　　　　73EJF3:408B

【校釋】

A 面「乘」原作「孤」，姚磊（2017C3）釋。又「庌」字原作「斥」，現統一作「庌」。

【集注】

〔1〕乘山：隧名。

〔2〕張彭：人名，為乘山吏。

〔3〕庌竟：隧名。

〔4〕李樂：人名，為庌竟吏。

西二　　　　　　　　　　　　　　　　　　　　　73EJF3：409

……叩頭叩頭□□　　　　　　　　　　　　　　73EJF3：410

……　　　　　　　　　　　　　　　　　　　　73EJF3：411

【校釋】

簡末未釋字韓鵬飛（2019，1730 頁）作「如律令」。今按，說或是。該簡文字多磨滅不可辨識，暫從整理者釋。

□**候長孫吉**〔1〕**行候長事，乘山**〔2〕**隧長魯**〔3〕**下　　□**　　73EJF3：427

【集注】

〔1〕孫吉：人名，為候長。

〔2〕乘山：隧名。

〔3〕魯：人名，為乘山隧長。

致官傳，病逾行重罰，叩頭死罪，敢言之　　　73EJF3：428

□**□檄到，驗問，必得事□**□　　　　　　　　73EJF3：432

【校釋】

未釋字徐佳文（2017B）分別釋「治」「實」。今按，簡首一字圖版作![字]，當非「治」字。簡末未釋字僅存一點墨迹，不能確知，當從整理者釋。

告關嗇夫昌〔1〕**，敦德警**□　　　　　　　73EJF3：436A

☐☑   73EJF3：436B

【集注】

〔1〕昌：人名，為關嗇夫。

☑省不願復署置忠☑   73EJF3：439

【校釋】

　　姚磊（2016G4）綴合該簡和簡 73EJF3：602、73EJF3：610 兩簡，順序為 73EJF3：610+439+602，認為三簡存在不同的殘缺，茬口並不能完全密合，簡文也不完整，似存在進一步綴合或調整的可能。今按，三簡形制、字體筆迹相同，當屬同一簡，但不能直接拼合。

白・丁中孫：今日誠得病，未去度☑   73EJF3：440

居延縣索，寫移如律令。　　掾賞〔1〕、守佐惲〔2〕　　☑   73EJF3：441+616

【校釋】

　　姚磊（2016F8）、（2017N，34 頁）綴。

【集注】

〔1〕賞：人名，為掾。

〔2〕惲：人名，為守佐。

☑☐王謝〔1〕亡，以何日蘭入，何日為破虜   73EJF3：443

【集注】

〔1〕王謝：人名。

爵里年姓如牒☑   73EJF3：450A

肩庫   73EJF3：450B

始建國三年十一月丁亥朔壬子〔1〕，戶曹史黨〔2〕敢言之：甲子胡兼〔3〕自言大尉

☑……大尹〔4〕府，願以令取傳。謹案，戶籍臧官者

73EJF3：461+476+454

【集注】

〔1〕始建國三年十一月丁亥朔壬子：始建國，新莽年號。據徐錫祺（1997，1704
頁），始建國三年十一月丁亥朔，廿六日壬子，為公曆公元 11 年 12 月 10
日。

〔2〕黨：人名，為戶曹史。

〔3〕胡兼：人名，為申請傳者。

〔4〕大尹：饒宗頤、李均明（1995B，134 頁）：大尹、卒正、連率，皆為新莽所改
郡太守稱謂。

今按，說是。《漢書・王莽傳中》：「改郡太守曰大尹，都尉曰太尉，縣令
長曰宰。」

君思以今年二月中暴病頭□□☑　　　　　　　　73EJF3：456A

但在其中何□……☑　　　　　　　　　　　　73EJF3：456B

☑雨雪時入塞。案往　　　　　　　　　　　　73EJF3：457

☑案，受吏吏者〔1〕往來，積百五十八人，人半龠〔2〕　73EJF3：464

【集注】

〔1〕吏者：「吏」通「使」，使者。

〔2〕龠：王子今（2007，68 頁）：計量到「龠」，可知其精確度……「龠」的實測容
量，相當於 10 毫升。在內地距離鹽產地較遠的地方，「鹽出入」的計量，甚至
精確到「撮」。

今按，說是。古代容量單位。《廣雅・釋器》：「龠二曰合，合十曰升。」

☑公乘成恭〔1〕年卅五，為行丞事蔡君御〔2〕行塞　　73EJF3：466

【集注】

〔1〕成恭：人名。

〔2〕蔡君御：人名。

始建國六年二月甲戌朔庚寅〔1〕，肩水□☑　　　73EJF3：468+502

【集注】

〔1〕始建國六年二月甲戌朔庚寅：始建國，新莽年號。始建國六年即天鳳元年，據

徐錫祺（1997，1709 頁），天鳳元年二月甲戌朔，十七日庚寅，為公曆公元 14 年 3 月 7 日。

☑□過所縣邑，毋留止，如律令☑   73EJF3：469

☑□候遺〔1〕移肩水金關，寫移，如律   73EJF3：475

【集注】

〔1〕遺：人名，為候。

☑ 十月丁卯，主簿萌〔2〕奏記□   73EJF3：478

【集注】

〔1〕萌：人名，為主簿。

……月盡始建國元年☑

……二月積四月□☑   73EJF3：483

【校釋】

謝坤（2017B，69 頁）遙綴該簡和簡 73EJF3：78+623。今按，兩簡形制、字體筆迹等較一致，或屬同一簡，但不能直接拼合。

南部 ☑   73EJF3：488

己巳病傷☑   73EJF3：493

欲遺□可衣□☑

……☑   73EJF3：505

【校釋】

「遺」下一字圖版作![字]，右部有磨滅，可釋為「孫」。「孫」字在金關漢簡中作![字]（73EJT6：51）、![字]（73EJF3：25+543）等形，可以參看。該簡中「孫可」為人名，孫可作人名又見於金關簡 73EJT7：46：「☑孫可年卌五 馬☑」，亦可相參。該字秦鳳鶴（2018C，284 頁）釋作「驗」。

☑居延倉守宰喜〔1〕敢言之：府   73EJF3：510A

☑ 掾累〔2〕、史宏〔3〕。   73EJF3：510B

【校釋】

　　姚磊（2019F1）遙綴簡 73EJF3：79+509 和該簡。今按，兩簡不能直接拼合，或可遙綴，暫不綴合作一簡。

【集注】

〔1〕喜：人名，為居延倉守宰。

〔2〕累：人名，為掾。

〔3〕宏：人名，為史。

☑　三月庚辰從……☑　　　　　　　　　　　　　　　73EJF3：516

【校釋】

　　「從」字原作「佐」，秦鳳鶴（2018C，284 頁）釋作「從」。今按，該字作 ⿰亻弋 形，釋「從」可信。

☑候長常〔1〕敢言之：廷錄曰：趣具馬〔2〕，不得十日☑
日夜求買馬，未能得，請盡力具馬，叩頭死罪敢☑　　73EJF3：518+517

【集注】

〔1〕常：人名，為候長。

〔2〕具馬：具，備辦。《廣韻·遇韻》：「具，備也，辦也。」具馬即備辦馬匹。

裝張掖、居延郡界中，津☑　　　　　　　　　　　　73EJF3：519

·舉長吏深憂垂念〔1〕小民，處業貧毋訾，尤有意者☑　　73EJF3：522

【集注】

〔1〕垂念：惠念，關懷。《後漢書·杜詩傳》：「臣愚以為『師克在和不在眾』，陛下雖垂念北邊，亦當頗泄用之。」

☑中，恭〔1〕三月十八日從行塞封戶去，至月二十日莫，不知何人

　　　　　　　　　　　　　　　　　　　　　　　　73EJF3：523

【集注】

〔1〕恭：人名。

☑□而亡若盜、去署及為詐偽以辟事☑　　　　　　　73EJF3：525A

☑便毋復來，與侯良〔1〕亡□☑　　　　　　　　　　73EJF3：525B

【集注】

〔1〕侯良：人名。

☑……

☑□印行事，移過所，寫移，如律令。／掾霸〔1〕、守史譚〔2〕。

73EJF3：526

【集注】

〔1〕霸：人名，為掾。

〔2〕譚：人名，當為守令史。

☑朔己亥，臨澤〔1〕隧長昭〔2〕敢言之☑　　　　　　73EJF3：528

【校釋】

　　姚磊（2016F8）、（2017N，36 頁）綴合簡 73EJF3：229+542 和該簡。今按，綴合處字間距較大，兩簡字體筆迹也不一致，或不能綴合。

【集注】

〔1〕臨澤：隧名。

〔2〕昭：人名，為臨澤隧長。

止虜〔1〕隧長榮就　今恭少伯☑　　　　　　　　　　73EJF3：535

【集注】

〔1〕止虜：隧名。

二眾云云叩頭叩頭死☑　　　　　　　　　　　　　　73EJF3：539

黃子程〔1〕坐□伏地罰□　　／掾未大〔2〕、屬可〔3〕、書佐☑

73EJF3：549A+580A

□以□桼八日毋憂□即有屬草籍雖……☑　　73EJF3：549B+580B

【校釋】

　　姚磊（2016G3）綴。又 A 面「大」或是「守」字。「坐」下未釋字秦鳳鶴（2018C，284 頁）釋作「圭」。今按，該字作![圭]形，從字形來看，可為「圭」，但於文義難通，暫從整理者釋。

【集注】

〔1〕黃子程：人名。

〔2〕未大：人名，為掾。

〔3〕可：人名，為屬。

☑□倉長惲〔1〕、丞董欽〔2〕□☑　　　　　　　　　73EJF3：551

【集注】

〔1〕惲：人名，為倉長。

〔2〕董欽：人名，為丞。

☑……下小弱　　　　　　　　　　　　　　　73EJF3：552

☑城城年歲歲歲☑　　　　　　　　　　　　　73EJF3：560

☑人張博〔1〕省官

☑□已亡　　　　　　　　　　　　　　　　73EJF3：563

【集注】

〔1〕張博：人名。

謹案，官六月□☑　　　　　　　　　　　　73EJF3：566

☑遣從史張平〔1〕歸益衣　　　　　　　　　73EJF3：568A

☑　　／兼掾□□　　　　　　　　　　　　73EJF3：568B

【集注】

〔1〕張平：人名，為從史。

☑過所津關：遣守造陳惲〔1〕迎吏　　　　　73EJF3：569

【集注】

〔1〕陳惲：人名，為守造。

☑縣道河津關：遣從史孟	73EJF3：571
☑□自今以來叩頭☑	73EJF3：573
□□　□□門門……　廿四☑	73EJF3：574
□□叩頭白……	73EJF3：575
☑……　預	73EJF3：576
☑　□　□　羊	73EJF3：577
將其人欲出入□　☑	73EJF3：587
☑□五年三月治獄☑	73EJF3：590
六月一□☑	73EJF3：591
謹……☑	73EJF3：595A
……☑	73EJF3：595B
☑□皆得奉食☑	73EJF3：602

【校釋】

　　姚磊（2016G4）綴合該簡和簡 73EJF3：439、73EJF3：610 兩簡，順序為 73EJF3：610+439+602，認為三簡存在不同的殘缺，茬口並不能完全密合，簡文也不完整，似存在進一步綴合或調整的可能。今按，三簡形制、字體筆迹相同，當屬同一簡，但不能直接拼合。

☑□有者必坐☑	73EJF3：603
子春〔1〕足下：前相見不一└二☑	73EJF3：604A
致書仲彭昆弟□□☑	73EJF3：604B

【集注】

〔1〕子春：人名，為受信者之字。

☑　□　☑	73EJF3：606
……☑	73EJF3：608A
肩關　☑	73EJF3：608B

☑平理事☑☑　　　　　　　　　　　　　　　　73EJF3：610

【校釋】

　　姚磊（2016G4）綴合該簡和簡 73EJF3：439、73EJF3：6602 兩簡，順序為 73EJF3：610+439+602，認為三簡存在不同的殘缺，茬口並不能完全密合，簡文也不完整，似存在進一步綴合或調整的可能。今按，三簡形制、字體筆迹相同，當屬同一簡，但不能直接拼合。

☑道津關，謁☑　　　　　　　　　　　　　　　73EJF3：611

☑朔辛酉，守☑
☑令取傳，謁☑　　　　　　　　　　　　　　　73EJF3：612

【校釋】

　　「謁」字姚磊（2016G6）認為應存疑待考。今按，說可從，該字圖版殘缺，不能確知，暫從整理者釋。

☑到所何亦不以此負（削衣）　　　　　　　　73EJF3：618
☑午，西鄉嗇夫☑　　　　　　　　　　　　　73EJF3：619

☑願取急〔1〕☑☑　　　　　　　　　　　　73EJF3：620

【集注】

〔1〕取急：于豪亮（1964，156 頁）：因疾病死喪等急事請假就稱為「取寧」或「取急」。

　　　趙蘭香（2004，216 頁）：「取急」即指臨時性的請假。《初學記》卷二〇：「歸休亦曰休急、休瀚、取急、請急」。

　　　冨谷至（2018，134 頁）：「急」為休假之意，應是由緊急、緩急擴展而來。《禮記・奔喪》中有「聞喪奔歸之禮」，意為接到家人不幸的消息後急忙趕赴葬禮，由此可知，「急」這一表示居喪的休假之語與「寧」的用法幾乎完全相同。

　　　今按，諸說是。官吏以私人急事請假謂「取急」。

☑有秩賞〔1〕　　　　　　　　　　　　　　73EJF3：621A

☑水金關，乏錢三十　　　　　　　　　　　　　　73EJF3：621B

【集注】

〔1〕賞：人名。

☑□會南門□□□□（削衣）　　　　　　　　　73EJF3：622

☑外有☑　　　　　　　　　　　　　　　　　　73EJF3：625

☑□□受延城所□☑　　　　　　　　　　　　　73EJF3：626

□□□舍□☑　　　　　　　　　　　　　　　　73EJF3：629A

頭□□□毋□☑　　　　　　　　　　　　　　　73EJF3：629B

☑願毋令相予☑　　　　　　　　　　　　　　　73EJF3：632A

☑關外第四亭☑　　　　　　　　　　　　　　　73EJF3：632B

【校釋】

　　「第」韓鵬飛（2019，1737 頁）作「弟」。今按，該字作 形，據字形當為「弟」。但漢簡中「第」「弟」的使用常存在混同的情況，暫從整理者釋。

☑淩吾訖，即旦，毋它簿，怒言☑

☑……☑（削衣）　　　　　　　　　　　　　　73EJF3：633

☑□亭長□☑

☑□☑（削衣）　　　　　　　　　　　　　　　73EJF3：634

☑不多言☑

☑□=憚=不☑（削衣）　　　　　　　　　　　73EJF3：635

肩水金關 T4H

陳憚〔1〕白少房〔2〕：凡此等事安足已窮子春〔3〕也，叩頭□不宜遣使□房

到子春送焉，記告尹長厚，叩頭叩頭，君知憚有疾不足少　　73EJT4H：5A

子長〔4〕、子春也，前子春來黍人出自己小疾耳，立偷〔5〕也，今

客居□時傷也。子春又舍金關，使幸欲為之官入，故敢取　　73EJT4H：5B

【校釋】

　　A 面第一行簡末「房」字原未釋，該字圖版作 ，其和第一個「房」字形體 相同，當亦釋作「房」。

【集注】

〔1〕陳惲：人名，為致信者。

〔2〕少房：人名，為受信者。

〔3〕子春：人名。

〔4〕字長：人名。

〔5〕偷：通「愈」。指病情好轉。

□狀……居　　　　　　　　　　　　　　　　　73EJT4H：7

表轂未得，不知審，請盡力逐捕，以必得為故〔1〕，叩頭叩頭，死罪死罪……

　　　　　　　　　　　　　　　　　　　　73EJT4H：8A

史史史　史史史史史史史（習字）　　　　　73EJT4H：8B

【集注】

〔1〕以必得為故：中國簡牘集成編輯委員會（2001D，178 頁）：以必捕得為要
　　求。

　　　　今按，其說是。

元始六年四月己未朔辛未〔1〕，張掖居延騎司馬實〔2〕兼行城司馬事，移過所
縣道河津
關：遣令史孫政〔3〕為官市藥酒泉郡中，當舍傳舍，從者／令史陽〔4〕。

　　　　　　　　　　　　　　　　　　　　73EJT4H：10+61

【集注】

〔1〕元始六年四月己未朔辛未：元始，漢平帝劉衎年號。元始六年即居攝元年，據
　　徐錫祺（1997，1693 頁），居攝元年四月己未朔，十三日辛未，為公曆公元 6
　　年 5 月 29 日。

〔2〕實：人名，為居延騎司馬。

〔3〕孫政：人名，為令史。

〔4〕陽：人名，為令史。

佐伏地再拜請□卿馬足下□☑　　　　　　　73EJT4H：13A

□□□必之　□□☑　　　　　　　　　　　73EJT4H：13B

壬午未己亥壬丑癸亥丑丁巳二十己巳□□□☑（習字）　73EJT4H：14A

居聑二年五月癸☐   73EJT4H：14B

……☐

☐☐☐以安萬年，幸甚幸甚☐   73EJT4H：20A

月☐☐治令天下寬緩，願☐

☐☐☐☐☐☐☐為捕罪☐   73EJT4H：20B

☐……庚☐☐

☐日為君，使至倉石☐   73EJT4H：22A

☐……大尹賜屋闌曲☐

☐……居延……☐   73EJT4H：22B

戌　　☐   73EJT4H：23A

☐地地地李☐☐   73EJT4H：23B

【校釋】

A面「戌」原作「戎」，姚磊（2016F6）釋。

☐☐☐丿   73EJT4H：33

☐☐☐☐☐

☐☐☐☐居延城司馬行都尉事☐   73EJT4H：34

【校釋】

第二行未釋字韓鵬飛（2019，1740頁）作「☐☐書一封」。今按，說或是。簡
文磨滅不可辨識，當從整理著釋。

☐　願借六尺☐☐   73EJT4H：36

始建國元年八月庚子〔1〕☐   73EJT4H：39

【集注】

〔1〕始建國元年八月庚子：始建國，王莽年號。據徐錫祺（1997，1700頁），始建
　　國元年八月庚子朔，為公曆公元9年8月10日。

☐☐叩頭言　　☐   73EJT4H：40

【校釋】

　　未釋字徐佳文（2017A）釋「教」。今按，該字左半缺失，不能辨識，當從整理

者釋。

☑因毋亡，願留意，叩頭叩頭☑　　　　　　　　　73EJT4H：43A

☑□□前未久，今旦取箭十一□☑　　　　　　　　73EJT4H：43B

始建國元年十一月己巳朔乙酉〔1〕……☑

謁移過所縣邑津關☑　　　　　　　　　　　　　　73EJT4H：46A

□□□章　　☑　　　　　　　　　　　　　　　　73EJT4H：46B

【集注】

　〔1〕始建國元年十一月己巳朔乙酉：始建國，王莽年號。據徐錫祺（1997，1700

　　　　頁），始建國元年十一月己巳朔，十七日乙酉，為公曆公元 9 年 11 月 23 日。

□□□□☑

延水佐左嘉□☑　　　　　　　　　　　　　　　　73EJT4H：50

☑□共受轉粟十☑

☑……☑　　　　　　　　　　　　　　　　　　　73EJT4H：52A

☑謹□□百☑　　　　　　　　　　　　　　　　　73EJT4H：52B

☑……☑

☑□如牒，毋官獄徵事，當得取傳，謁移肩水金關、居延縣索☑

☑□守丞普〔1〕移肩水金關、居延縣索關，寫移，書□☑　　73EJT4H：84+54

【集注】

　〔1〕普：人名，為守丞。

趙子嚴〔1〕記子春〔2〕☑　　　　　　　　　　　73EJT4H：56A

□文上□子春已前付內□☑　　　　　　　　　　　73EJT4H：56B

【集注】

　〔1〕趙子嚴：人名。

　〔2〕子春：人名。

☑伏地言　☑

☑☑☑足下……☑　　　　　　　　　　　　　73EJT4H：57

☑朔辛酉☑☑

☑名如牒，書☑　　　　　　　　　　　　　　73EJT4H：59

☑長再拜言☑　　　　　　　　　　　　　　　73EJT4H：60

☑持作具☑　　　　　　　　　　　　　　　　73EJT4H：63A

☑☑發卒☑☑　　　　　　　　　　　　　　　73EJT4H：63B

始建國五年五月戊寅朔丁酉〔1〕，肩水守城☑　　　73EJT4H：65

【集注】

〔1〕始建國五年五月戊寅朔丁酉：始建國，王莽年號。據徐錫祺（1997，1707 頁），
　　始建國五年五月戊寅朔，廿日丁酉，為公曆公元 13 年 5 月 18 日。

☑……　☑　　　　　　　　　　　　　　　　73EJT4H：66

☑適隧長章〔1〕敢☑
☑之　☑　　　　　　　　　　　　　　　　　73EJT4H：67

【集注】

〔1〕章：人名，為隧長。

六月辛未☑

書一編☑　　　　　　　　　　　　　　　　　73EJT4H：68

居延☑☑　　　　　　　　　　　　　　　　　73EJT4H：69A

昭武☑☑　　　　　　　　　　　　　　　　　73EJT4H：69B

☑還入天田☑　　　　　　　　　　　　　　　73EJT4H：71

☑十井縣索使☑　　　　　　　　　　　　　　73EJT4H：72

【校釋】

　　「使」字姚磊（2016G6）疑是「吏」字。今按，該字漫漶不清，「吏」字左邊
似有墨迹，暫從整理者釋。

水門〔1〕隧長□☒　　　　　　　　　　　　　　　73EJT4H：73

【集注】

〔1〕水門：隧名。

馮豐〔1〕叩頭言☒　　　　　　　　　　　　　　　73EJT4H：74A

八月豐叩頭☒　　　　　　　　　　　　　　　　　73EJT4H：74B

【集注】

〔1〕馮豐：人名。

☒肩水□□　　　　　　　　　　　　　　　　　　　73EJT4H：75A

☒邑　　　　　　　　　　　　　　　　　　　　　　73EJT4H：75B

☒縣官馬泉少□☒

☒……☒　　　　　　　　　　　　　　　　　　　　73EJT4H：77A

☒……☒

☒□毋出，當移☒　　　　　　　　　　　　　　　　73EJT4H：77B

遂亡□昭賜□☒　　　　　　　　　　　　　　　　　73EJT4H：79

☒□氏字子□☒　　　　　　　　　　　　　　　　　73EJT4H：83

……☒

□月丁卯，倉丞☒　　　　　　　　　　　　　　　　73EJT4H：85

☒　□掾宏□☒　　　　　　　　　　　　　　　　　73EJT4H：86

☒……☒

☒……毋官獄徵事，□☒　　　　　　　　　　　　73EJT4H：87A

☒□□丞印　☒　　　　　　　　　　　　　　　　　73EJT4H：87B

☒尉史張況〔1〕　□簿府　　　　　　　　　　　　73EJT4H：88

【校釋】

　　未釋字徐佳文（2017B）釋「移」。今按，補釋或可從，但該字圖版漫漶不請，不能辨識，當從整理者釋。

【集注】

〔1〕張況：人名，為尉史。

肩水金關 73EJD

名持事詣官，會月十四日。謹案，部中郵三所，過書刺〔1〕有長史印，北書二
封付受   73EJD：2

【集注】

〔1〕過書刺：李均明（1987，48 頁）：「過」，通過、過往。「書」，當指郵書。「過
書」，見《論衡・定賢篇》：「郵人之過書，門者之傳教也，封完書不遺。」義
為傳遞郵書。凡傳遞郵書事曰過……「刺」為文書名，包括公、私文書……簡
文所見「過書刺」當為列舉傳遞郵書事實的上行文書。

　　中國簡牘集成編輯委員會（2001J，186 頁）：亦稱郵書刺，簡要記載郵書
過往基本情況，以便督查考課。

　　今按，諸說是。過書刺常稱郵書刺，即記錄過往郵書傳遞信息的一種文書。

陽朔二年七月庚午朔癸巳〔1〕，橐他塞尉義〔2〕別將轉移居延：未得
                                                                73EJD：3

【集注】

〔1〕陽朔二年七月庚午朔癸巳：陽朔，漢成帝劉驁年號。據徐錫祺（1997，1638
頁），陽朔二年七月庚午朔，廿四日癸巳，為公曆公元 23 年 9 月 15 日。

〔2〕義：人名，為橐他塞尉。

無責博〔1〕狗錢二百五十，候長厶以錢　爰書畢輔無責臧二百五十以上
                                                                73EJD：4

【集注】

〔1〕博：人名。

建始四年十一月癸卯朔己酉〔1〕，令史昌〔2〕敢言之：遣丞從史法昌〔3〕為丞
取衣用鱳得，與葆鉼庭〔4〕里簪
……謁移過所……   73EJD：6

【集注】

〔1〕建始四年十一月癸卯朔己酉：建始，漢成帝劉驁年號。據徐錫祺（1997，1626
頁），建始四年十一月癸卯朔，七日己酉，公曆公元前 29 年 12 月 31 日。

　〔2〕昌：人名，為令史。

　〔3〕法昌：人名，為丞從史。

　〔4〕鉼庭：里名。

觀津〔1〕亭里〔2〕桼便〔3〕字子孝尊年卅三、長七尺、為人中壯、黑色、長面深目，亡時衣布皁襌衣　　　　　　　　　　　73EJD：8A

廿六　　　　　　　　　　　　　　　　　　　　73EJD：8B

【集注】

　〔1〕觀津：漢信都國屬縣。《漢書・地理志下》：「觀津，莽曰朔定亭。」

　〔2〕亭里：里名。

　〔3〕桼便：人名。

建始四年計餘虎文矛柲〔1〕卅七　毋出入　可繕　　　　73EJD：11

【集注】

　〔1〕虎文矛柲：柲，《說文・目部》：「柲，欑也。」徐鍇《繫傳》：「欑即矛戟柄。」矛柲即矛的柄。虎文矛柲蓋謂繪有老虎花紋的矛柄。

□□四年……

□□伏唯子侯〔1〕以政〔2〕故，為計時出斟北，載天不重　　73EJD：16A

……

奈河欲身詣前，迫未及，政叩頭，唯子侯毋已　　　　　73EJD：16B

【校釋】

　　兩「子侯」原均作「子候」，徐佳文（2017A）釋。

【集注】

　〔1〕子侯：人名，當為受信者之字。

　〔2〕政：人名，為致信者。

……過所津關，給法所當得，繁

陽收事，如律令，敢言之。

六月乙巳，居延令宜〔1〕移過所魏郡繁陽，書到，如律令。／掾商〔2〕、嗇夫憲〔3〕，六月丁巳入。　　　　　　　　　　　　　　73EJD：19A

居令延印區□   73EJD：19B

【校釋】

A 面第一行「給法所當得繁」原作「縣□□當得取」，姚磊（2017J4）釋。又 B 面未釋字秦鳳鶴（2018C，285 頁）補釋作「斂」。今按，補釋或可從，但字形作 ![字]，左半殘缺，不能確知，當從整理者釋。

【集注】

〔1〕宣：人名，為居延縣令。

〔2〕商：人名，為掾。

〔3〕憲：人名，為嗇夫。

元康五□閏……   73EJD：20

【校釋】

許名瑲（2016O）、（2018，339 頁）補作「元康五年閏月」，認為簡文元康五年即神爵元年。今按，補釋可從，但該簡字迹磨滅不可辨識，當從整理者釋。

伏地   伏地地地   73EJD：21

萬歆〔1〕迎枲編索〔2〕郡中。   當舍傳舍，從者如律令。／掾商〔3〕、兼史詡〔4〕、書吏業〔5〕。   73EJD：22

【集注】

〔1〕萬歆：人名，為申請傳者。

〔2〕枲編索：「枲」即麻。「索」指大的繩子。《小爾雅・廣器》：「大者謂之索，小者謂之繩。」則枲編索蓋為麻所編織的大繩子。

〔3〕商：人名，為掾。

〔4〕詡：人名，為兼史。

〔5〕業：人名，為書吏。

陵眾駿〔1〕里呂孝〔2〕，年卅五，為家私   73EJD：23

【校釋】

「陵」原作「延」，姚磊（2016F6）釋。

【集注】

〔1〕眾駿：里名。

〔2〕呂孝：人名，為申請傳者。

隧長弘〔1〕再拜言

□□□九疾〔2〕，五亡□七□皆毋恙。今大□一，疾□，癰種。□□羊一，疾
頸，種。初言狗食盡。弘再拜　　□　　　　　　　　　73EJD：28A

子元〔3〕足下　　　　　　　　　　　　　　　　　73EJD：28B

【校釋】

　　A面第二行「癰種」下兩未釋字，方勇、張越（2017）認為是「肘足」二字，
其下一字「羊」可能即是讀為「瘍」。又第三行「初」字方勇、張越（2017）指出陳
劍認為是「制」字。今按，釋讀或可從，但該行文字左半缺失，「肘足」及「制」字
均僅存右半形體，不能確知，當從整理者釋。

【集注】

〔1〕弘：人名，為隧長，致信者。

〔2〕九疾：方勇、張越（2017）：簡文說九個戍卒得了病，其中七個「皆毋恙」，即
　　　沒有大礙。而後文「今大□」內容是可以與之前後呼應的，其中一個是「病□」，
　　　症狀是「癰腫」且「肘部、足部癢」，另一個是頸部腫大。從這些內容判斷，
　　　我們懷疑這些戍卒可能是由寒濕風痹或者食物中毒而引起的疾病。

　　　　今按，從簡文來看，所說的似乎是羊有疾病的事，並非是說戍卒得了病。

〔3〕子元：人名，為受信者之字。

上　　　　　　　　　　　　　　　　　　　　　　　73EJD：29A

令　　　　　　　　　　　　　　　　　　　　　　　73EJD：29B

☑月己未甲戌，橐他候昌〔1〕移肩水金關：遣尉史韓仁〔2〕將

☑使名縣爵里年姓各牒，書到，出入如律令。　　　73EJD：30

【校釋】

　　許名瑲（2016O）、（2018，341頁）認為原簡「己未」後脫「朔」字。今按，說
是，當為原簡書寫時脫漏。

【集注】

〔1〕昌：人名，為橐他候。

〔2〕韓仁：人名，為尉史。

毛卿ノ

進

薛卿ノ

…… 73EJD：31A

☐

☐

卿卿廚中 73EJD：31B

褒〔1〕伏地再拜子元〔2〕足下：身臨事，辱賜

書，告以事，甚厚，叩頭叩頭。謹奉教，盡力不敢忽然 73EJD：32A
乎事，察易頃必得為故得白狀事之非有所

拜也，且勿進也，比數日閒耳，獨恐其主不在耳，又得 73EJD：32B

【集注】

〔1〕褒：人名，為致信者。

〔2〕子元：人名，為受信者之字。

☐年三月癸巳朔庚申，肩水城尉奉世〔1〕移肩水金關：遣就家載穀給橐他候
官，

☐里年姓各如牒，書到，出入如律令。 73EJD：36A
☐　　嗇夫仁〔2〕。 73EJD：36B

【校釋】

　　該簡年代許名瑲（2016N）、（2018，329頁），羅見今、關守義（2018，73頁）
均認為屬建昭二年。今按，諸說是。建昭，漢元帝劉奭年號。據徐錫祺（1997，1609
頁），建昭二年三月癸巳朔，二十八日庚申，為公曆公元前37年4月28日。

【集注】

〔1〕奉世：人名，為肩水城尉。

〔2〕仁：人名，為嗇夫。

建昭四年八月己卯朔甲申〔1〕，弘農〔2〕北鄉嗇夫臨〔3〕敢言之：始昌〔4〕里公
乘范忠〔5〕年卅一，自言將錢東至

敦煌。謹案，忠毋官獄事，當傳，謁移過所河津關，勿苛留，敢言之。

八月甲申，弘農守丞、盧氏〔6〕尉憙〔7〕移過所，如律令。　　　73EJD：37A

為官府□□……

博伏　地地

……博為……　　　　　　　　　　　　　　　　　　　73EJD：37B

【校釋】

　　A 面第四行「盧氏」原作「盧耳」，黃浩波（2016D）、（2017D，184 頁）釋。

【集注】

〔1〕建昭四年八月己卯朔甲申：據徐錫祺（1997，1614 頁），建昭四年八月己卯朔，
　　　六日甲申，為公曆公元前 35 年 9 月 9 日。

〔2〕弘農：弘農郡屬縣，為郡治所在。《漢書‧地理志上》：「弘農，故秦函谷關。
　　　衙山領下谷，爥水所出，北入河。」

〔3〕臨：人名，為北鄉嗇夫。

〔4〕始昌：里名，屬弘農縣。

〔5〕范忠：人名，為申請傳者。

〔6〕盧氏：據《漢書‧地理志》，盧氏為弘農郡屬縣。

〔7〕憙：人名，為弘農守丞、盧氏尉。

更出死卒侯萬〔1〕錢二千三百卅，以付迎卒梁國〔2〕長吏

當責官卒黃實〔3〕麥五斗半　　　　　　　　　　　　　73EJD：38

【集注】

〔1〕侯萬：人名，為死卒。

〔2〕梁國：周振鶴（2017，57 頁）：高帝五年彭越梁國有碭郡地，十一年更封子恢
　　　為梁王，益東郡。文帝二年以後梁國又僅有碭郡而已。景帝六年梁分為五，至
　　　成帝元延元年演化成陳留、山陽兩郡和梁、東平、定陶三國。

　　　　　今按，其說是。《漢書‧地理志下》：「梁國，故秦碭郡，高帝五年為梁國。
　　　莽曰陳定。屬豫州。」

〔3〕黃實：人名，為官卒。

周並君卿〔1〕以月廿八日下餔〔2〕去博〔3〕亭入牛，毋

它急。後為一車就至橐他候官，七百 　　　　　73EJD：39A

五十度以月二日至都倉，毋憂也。

高博叩頭，謝丈人陳山都〔4〕、夫人請君、公君阿

……　　　　　　　　　　　　　　　　　　　　73EJD：39B

【集注】

〔1〕周並君卿：人名，君卿或為其字，或為敬稱。

〔2〕下餔：陳夢家（1980，250 頁）：餔之後為下餔，猶昃之後為下昃。《說文》曰
「餔，日加申時食也」，《莊子·盜跖篇》釋文引「《字林》曰：餔，日申時食
也」。

中國簡牘集成編輯委員會（2001G，28 頁）：下餔，在餔時之後，日沒以
前，相當於今十六點三十分至十八點。

張德芳（2004，197 頁）：「下餔」是一個重要的稱謂，它一般雖不列入十
二時稱的範圍，但十六時稱中，它卻是日中之後到日入這一段時間一個單獨的
時間單位。

冨谷至（2018，91 頁）：日下餔時為十五時左右。與「下餔」「日下餔時」
相同。

今按，諸說是。下餔為餔時之後一段時間的稱謂。《漢書·王莽傳下》：
「下餔時，眾兵上臺，王揖、趙博、苗訢、唐尊、王盛、中常侍王參等皆死
臺上。」

〔3〕博：人名，或即 B 面高博。

〔4〕陳山都：當為人名。

建昭二年正月辛酉〔1〕　居延都尉賞〔2〕、丞□□謂過所縣道津關，當舍傳舍，
居延都尉遣屬……

守吏□市藥張掖郡中。　從者如律令。　／屬宗〔3〕、書佐禹〔4〕。

　　　　　　　　　　　　　　　　　　　　　　　　73EJD：40A

申游

糸糸　□頓節聲上下□□鱳得得

游

糸糸（習字）　　　　　　　　　　　　　　　73EJD：40B

【集注】

〔1〕建昭二年正月辛酉：建昭，漢元帝劉奭年號。據徐錫祺（1997，1609 頁），建昭二年正月甲午朔，廿八日辛酉，為公曆公元前 37 年 2 月 29 日。

〔2〕賞：人名，為居延都尉。

〔3〕宗：人名，為屬。

〔4〕禹：人名，為書佐。

建昭二年七月辛卯朔壬辰〔1〕，令史宗〔2〕敢言之：遣令史□德迎徒復作……
謁移過所縣道河津關，毋苛留止，如律令，敢言之。
七月甲午，居延城倉長通〔3〕移過所，如律令。／掾……佐□　　　73EJD：41A
居延倉長　　　　　　　　　　　　　　　　　　　　　　　　　　73EJD：41B

【集注】

〔1〕建昭二年七月辛卯朔壬辰：建昭，漢元帝劉奭年號。據徐錫祺（1997，1610 頁），建昭二年七月辛卯朔，二日壬辰，為公曆公元前 37 年 7 月 29 日。

〔2〕宗：人名，為令史。

〔3〕通：人名，為居延城倉長。

河平五年正月己酉朔壬戌〔1〕，橐他守塞尉勵〔2〕以私印行事，移肩水
金關：莫當〔3〕戍卒閻被〔4〕自言家父龐護〔5〕戍肩水候官，為人所傷，今遣
被持藥視護，書到，
出內如律令。　　　　　　　　　　　　　　　　　　　　　　　　73EJD：42

【集注】

〔1〕河平五年正月己酉朔壬戌：河平，漢成帝劉驁年號。河平五年即陽朔元年，據徐錫祺（1997，1635 頁），陽朔元年正月己酉朔，十四日壬戌，為公曆 24 年 2 月 21 日。

〔2〕勵：人名，為橐他守塞尉。

〔3〕莫當：隧名。

〔4〕閻被：人名，為戍卒。

〔5〕龐護：人名，為閻被父親。

建始四年十一月癸卯朔癸丑〔1〕，廣地候仁〔2〕移肩水金關：遣葆為家私市
酒泉郡中，書到，出入如律令。　　皆十二月癸未出。　　　　　　73EJD：43A
張掖廣地候印　　　　　　　　　　　　　　　　　　　　　　　73EJD：43B

【集注】

〔1〕建始四年十一月癸卯朔癸丑：建始，漢成帝劉驁年號。據徐錫祺（1997，1626
　　頁），建始四年十一月癸卯朔，十一日癸丑，公曆公元前28年1月4日。

〔2〕仁：人名，為廣地候。

建始二年正月己未朔癸亥〔1〕，令史長壽〔2〕敢言之：遣亭長梁忠〔3〕送辟責
錢大守府，
乘所占用馬一匹、軺車一乘，謁移過所河津關，毋苛留止，如律令，敢言之。
正月癸亥，居延丞竟〔4〕移過所，如律令。　　／掾臨〔5〕、令史長壽、佐禹〔6〕。
　　　　　　　　　　　　　　　　　　　　　　　　　　　　　73EJD：44

【集注】

〔1〕建始二年正月己未朔癸亥：建始，漢成帝劉驁年號。據徐錫祺（1997，1621
　　頁），建始二年正月己未朔，五日癸亥，為公曆公元前31年1月30日。

〔2〕長壽：人名，為令史。

〔3〕梁忠：人名，為亭長。

〔4〕竟：人名，為居延縣丞。

〔5〕臨：人名，為掾。

〔6〕禹：人名，為佐。

十一月戊寅，大陽〔1〕長音〔2〕、丞宣〔3〕敢言之。·謹寫重，謁移張掖大守
府，
令居延甌報，敢言之。　　／掾嘉〔4〕、守獄史恭〔5〕。　　　　73EJD：45

【集注】

〔1〕大陽：河東郡屬縣。《漢書·地理志上》：「大陽，吳山在西，上有吳城，周武
　　王封太伯後於此，是為虞公，為晉所滅。有天子廟。莽曰勤田。」顏師古注引
　　應劭曰：「在大河之陽。」

〔2〕音：人名，為大陽縣長。

〔3〕宣：人名，為大陽縣丞。

〔4〕嘉：人名，為掾。

〔5〕恭：人名，為守獄史。

伏地地　　　　　　　　　　　　　　　　　　　73EJD：46

☑□且自愛，以永元元，萬年
☑奉聞舍中僕得起居毋恙，謹叩頭叩頭
☑□君房〔1〕已聞
☑夏子侯君都錢，願入入致段漢
☑卒不及一二一二，叩頭叩頭　　　　　　　　73EJD：49A
　　　　　鄭君房叩頭奏
☑□甲乙
　　　　　牛子威〔2〕門下　　　　　　　　　73EJD：49B

【集注】

〔1〕君房：人名，即 B 面鄭君房，為致信者。

〔2〕牛子威：人名，為受信者。

大司農　　☑
請大司　　☑　　　　　　　　　　　　　　　73EJD：57

元康四年九月乙酉朔丙戌〔1〕，殄北候官令史常富〔2〕敢言之：謹移☑
　　　　　　　　　　　　　　　　　　　　　73EJD：63

【集注】

〔1〕元康四年九月乙酉朔丙戌：元康，漢宣帝劉詢年號。據徐錫祺（1997，1560
　　頁），元康四年九月乙酉朔，二日丙戌，公曆公元前 62 年 10 月 2 日。

〔2〕常富：人名，為殄北候官令史。

☑□居延都尉義〔1〕、丞直〔2〕謂過所縣道河津關：遣從史何殷〔3〕歸取
☑如律令。／兼掾武〔4〕、卒史殷〔5〕、助府佐�〔6〕。　　73EJD：64

【集注】

〔1〕義：人名，為都尉。

〔2〕直：人名，為丞。

〔3〕何殷：人名，為從史。

〔4〕武：人名，為兼掾。

〔5〕殷：人名，為卒史。

〔6〕備：人名，為助府佐。

建始四年十月癸卯朔丙寅〔1〕，居延倉丞得〔2〕別治〔3〕表是北亭☑

☑□衣用，乘用馬一匹、軺車一乘，毋苟留止，從者如律令☑　　73EJD：65

【集注】

〔1〕建始四年十月癸卯朔丙寅：建始，漢成帝劉驁年號。據徐錫祺（1997，1626
頁），建始四年十月癸卯朔，廿四日丙寅，公曆公元前 29 年 11 月 18 日。

〔2〕得：人名，為居延倉丞。

〔3〕別治：「治」即治所、治事之意。別治是說在另外的地方治事辦公。

陽朔四年九月丁巳朔己未〔1〕，南部候長博〔2〕敢言之：部吏□武守□☑

73EJD：68

【集注】

〔1〕陽朔四年九月丁巳朔己未：陽朔，漢成帝劉驁年號。據徐錫祺（1997，1642
頁），陽朔四年九月丁巳朔，三日己未，公曆公元前 21 年 9 月 30 日。

〔2〕博：人名，為南部候長。

☑□　衛贛〔1〕　　　　子陵〔2〕　　☑

☑　　劉子方〔3〕　　☑

☑□　段拓卿石少君　　☑　　　　　　　　73EJD：75A

☑禽寇〔4〕　　正月乙巳之會水，欲留宿　　☑

☑逆寇〔5〕　　☑

☑乘胡〔6〕　　☑　　　　　　　　　　　　73EJD：75B

【集注】

〔1〕衛贛：人名。

〔2〕子陵：人名。

〔3〕劉子方：人名。

〔4〕禽寇：隧名。

〔5〕逆寇：隧名。

〔6〕乘胡：何茂活（2017C，135頁）：「乘胡」之「乘」似兼有登臨守望及驅逐之意。

　　　今按，其說當是。乘胡為隧名。

☑伏伏伏伏伏地伏地伏☑（習字）　　　　　　　　　73EJD：77

神爵元年九月己酉朔癸☑

☑……☑　　　　　　　　　　　　　　　　　　　73EJD：78

☑□隧長良〔1〕移橐他候長：獨苦善毋　　　　　　　73EJD：79A

☑……居延肩水都尉府，乘所占用馬一匹、軺車一乘

☑□風、掾安世〔2〕。

☑□□如律令。／掾威〔3〕、令史宗〔4〕、佐忠齊〔5〕。　　73EJD：79B

【集注】

〔1〕良：人名，為隧長。

〔2〕安世：人名，為掾。

〔3〕威：人名，為掾。

〔4〕宗：人名，為令史。

〔5〕忠齊：人名，為佐。

☑□石，直錢二千一百　　　　　　　　　　　　　73EJD：82

書到□□遣□□都郵吏部一人齊事□□毋出月廿三日□□□□☑　73EJD：84

☑　陽朔三年三月己巳〔1〕，居延☑　　　　　　　　73EJD：85

【集注】

〔1〕陽朔三年三月己巳：陽朔，漢成帝劉驁年號。據徐錫祺（1997，1639頁），陽朔三年三月丁卯朔，三日己巳，公曆公元前22年2月18日。

☑□甲申，留裝丁亥發　　　　　　　　　　　　　73EJD：87

報鄭卿屬南部凡易幾何☑　　　　　　　　　　　　73EJD：88A

・收降〔1〕輸二，其一六石不害☑　　　　　　　　　73EJD：88B

【校釋】

B面「害」字作 ▨ 形，下部略殘，據文義來看，其或當是「審」，不審義為不知道，不清楚。

【集注】

〔1〕收降：隧名。

▨數計去，今元知米可償者□□從候長請一石粟，候長	73EJD：89A
▨……	73EJD：89B
▨卅九	73EJD：90

▨□大守府，占所乘用馬一匹、軺車一乘	
▨言之。	
▨／令史尊〔1〕、佐禹〔2〕。	73EJD：96

【集注】

〔1〕尊：人名，為令史。

〔2〕禹：人名，為佐。

▨決前未久毋　　▨	
▨□□□□□　　▨	73EJD：97
▨……▨	
▨□它毋恙，謹□□□▨	73EJD：98A
▨……▨	73EJD：98B

▨　册所賈買　　▨	73EJD：102

▨省功虜寇小過親知飢寒▨	73EJD：164+103

【校釋】

尉侯凱（2016B）、（2017B，353頁）綴，綴合後補「小」字。

▨橐他　　▨	73EJD：104

▨□謂東部候長史〔1〕、南部候長尊〔2〕、中部候長明〔3〕、北部	73EJD：105

【集注】

〔1〕史：人名，為東部候長。

〔2〕尊：人名，為南部候長。

〔3〕明：人名，為中部候長。

☒□□受官□教□數毋得□得□得　　　　　73EJD：106A

☒……　　　　　　　　　　　　　　　　73EJD：106B

☒……□舉乃可起行恭〔1〕宣朝問君孟君

☒……叩頭叩頭，候君孟□卿酒食　　　　73EJD：107A

☒……　記之乃同心乃可為也，恭叩頭

☒再拜　王子恩〔2〕記報左兒〔3〕　　　　73EJD：107B

【集注】

〔1〕恭：人名。

〔2〕王子恩：人名，為致信者。

〔3〕左兒：似為人名。

☒持……　☒　　　　　　　　　　　　　73EJD：109A

☒□數……☒

☒……事□☒　　　　　　　　　　　　　73EJD：109B

格君酌格☒　　　　　　　　　　　　　　73EJD：111

☒趙，陽朔三年七月　　　　　　　　　　73EJD：113

☒……子侯取鹽三升□□□□斗，直卅二，凡……直八百卅□□□

☒□□載□□三□□□相□急□□□百……已收責　　73EJD：114

☒□月丙辰平旦，史順〔1〕白出

☒宗付祖　　　　　　　　　　　　　　　73EJD：118

【集注】

〔1〕史順：當為人名。

章〔1〕伏地言　　☒

子侯〔2〕足下□　　☒　　　　　　　　　73EJD：124A

子侯不忍□　☑
願比相見□□　☑
鄧卿　☑ 　　　　　　　　　　　　　　　　　　　73EJD：124B

【集注】

〔1〕章：人名，為致信者。

〔2〕子侯：人名，為受信者。

☑年三月庚戌朔　☑
☑之：謹移廄馬牛車名☑ 　　　　　　　　　　　　　73EJD：126

【校釋】

　　該簡年代許名瑲（2016N）、（2018，330頁）推擬為元帝初元四年（前45），且認為宣帝本始三年（前71）、新莽始建國天鳳五年（18）可為參考年代。羅見今、關守義（2018，73頁）則認為屬初元四年。今按，諸說多是。該簡年份日期均缺，年屬難以確定。

六月□☑ 　　　　　　　　　　　　　　　　　　　73EJD：129
肩水守尉田卿、戍卒宗☑
□到皆□□□☑ 　　　　　　　　　　　　　　　　　73EJD：130

建始二年正月己未朔癸未〔1〕☑
家名縣爵里年姓各如牒☑ 　　　　　　　　　　　　　73EJD：131

【集注】

〔1〕建始二年正月己未朔癸未：建始，漢成帝劉驁年號。據徐錫祺（1997，1621頁），
　　建始二年正月己未朔，廿五日癸未，為公曆公元前31年2月19日。

☑□長丙子□□丙戌丁丑□□（習字） 　　　　　　　73EJD：132A
☑…… 　　　　　　　　　　　　　　　　　　　　　73EJD：132B
還叩頭□□□☑ 　　　　　　　　　　　　　　　　　73EJD：133A
忍案報☑ 　　　　　　　　　　　　　　　　　　　　73EJD：133B
☑　右黐得　□☑ 　　　　　　　　　　　　　　　　73EJD：134
☑恩匿不發得如牒，出署日時 　　　　　　　　　　　73EJD：135A

☑家名籍　　　　　　　　　　　　　　　　　73EJD：135B

☑□書繩〔1〕　　☑　　　　　　　　　　　　73EJD：136

【集注】

〔1〕書繩：勞榦（1960，6～7頁）：案簡牘之用繩者，一為編策，一為封書……居
　　延簡廣地南部候兵物冊共七十七簡以麻繩二道編之如竹簾狀，可以舒卷。故簡
　　編則為冊，卷則為卷。《後漢書·杜林傳》：「前於西州得漆書古文尚書一卷。」
　　縑帛非可以漆書者，則此所言一卷，當指可以舒卷之冊矣。凡此所舉皆書繩之
　　用於編冊者也。封書之繩當別為用於封函及用於囊橐者。凡書，封函而後更施
　　囊橐，故書繩之用，更有內外二重。其封於簡牘之函者，曰檢……封函以外更
　　有書囊，其制略見於《漢書·東方朔傳》《丙吉傳》《趙皇后傳》，《後漢書·公
　　孫瓚傳》。《漢舊儀》。蔡邕《獨斷》，《西京雜記》等。其形制大要為兩端俱方
　　底，其中約署施檢而以白書繩纏之。

　　　　今按，其說是。書繩主要有兩種用途，一為編連簡札使其成冊，一為捆縛
　　封檢使其密封。

☑計　不用　　☑　　　　　　　　　　　　　73EJD：137

明罼　　　　　　　　　　　　　　　　　　　73EJD：138

【校釋】

　　「罼」字秦鳳鶴（2018C，285頁）認為當隸定作「嬰」，用為「備」。今按，該
字作▉形，其說或是。

☑□陳忘　自言十月中貰賣☑　　　　　　　　73EJD：139
☑尉承書從事，下當☑　　　　　　　　　　　73EJD：140
☑□吏諸上功繇使☑　　　　　　　　　　　　73EJD：144
☑卒十五人如□☑　　　　　　　　　　　　　73EJD：145
……☑
須定簿，毋留，如律令。　　☑　　　　　　　73EJD：148A
……☑　　　　　　　　　　　　　　　　　　73EJD：148B
肩水候官元康三年正月關吏奏券　　☑　　　　73EJD：149
☑　正月辛未入　／守令史☑　　　　　　　　73EJD：152

☑良伏伏伏伏☑☑　　　　　　　　　　　　　　　　73EJD：155

☑粟得持詣前，不敢

☑☐　　　　　　　　　　　　　　　　　　　　73EJD：156A

☑☐頭☐頭，不肖前

☑廣地橐他☐☐　　　　　　　　　　　　　　　73EJD：156B

☑七月辛卯　☑

☑律令　☑　　　　　　　　　　　　　　　　　73EJD：158

☑☐長輔☑

☑☐　☑　　　　　　　　　　　　　　　　　　73EJD：159

☑畢成☑　　　　　　　　　　　　　　　　　　73EJD：162

☑夜☐　☑　　　　　　　　　　　　　　　　　73EJD：163

☑關、居延縣索關，寫移書☑　　　　　　　　　73EJD：165

☐☐☐☐候官，謹移官毋虜入☐箕隧　　　　　　73EJD：166

☑戊戌，居延守令城☑　　　　　　　　　　　　73EJD：170

☑☐巳下書☑

☑☐周子明子☐☑

☑調書書☑（習字）　　　　　　　　　　　　　73EJD：172

☐言徐游都〔1〕有女居子侯〔2〕意即可用時☐☑

上誰可與計事欲乎‧都即迎奉子侯☑　　　　　　73EJD：200+175

【集注】

〔1〕徐游都：人名。

〔2〕子侯：人名。

☑襲一領，賈九百☐言罪取……奏記☑

☑先取二百餘丿　☑　　　　　　　　　　　　　73EJD：176

☐☐☐謹以文理愚卒〔1〕，毋侵☐☑　　　　　　73EJD：182A

☑☐☐☐☐☐　☑　　　　　　　　　　　　　　73EJD：182B

【集注】

〔1〕以文理愚卒：「愚」通「遇」，義為對待。《管子‧任法》：「奇術技藝之人，莫

敢高言孟行，以過其情，以遇其主矣。」尹知章注：「遇，待也。」以文理遇
卒蓋是說以文法道理對待士卒。

☑□□亭□　　　　　　　　　　　　　　　　　　73EJD：184

☑頭良孟今旦聞子侯〔1〕來也，失不以時詣前，死罪死罪，屬自□馳詣門下，
道蓬楊卿舍，文君〔2〕言子侯　　　　　　　　　73EJD：187A
☑□□南□□不為□□□下□得令長□□□叩頭叩頭，謹請文君□記再拜白
　　　　　　　　　　　　　　　　　　　　　73EJD：187B

【集注】
〔1〕子侯：人名。
〔2〕文君：人名。

不一千五□☑　　　　　　　　　　　　　　　　　73EJD：188A
万四千五☑　　　　　　　　　　　　　　　　　73EJD：188B
□□□□☑　　　　　　　　　　　　　　　　　73EJD：189
阜……☑
枭長……☑　　　　　　　　　　　　　　　　　73EJD：190
墼亭千迫☑　　　　　　　　　　　　　　　　　73EJD：192
居塢□☑　　　　　　　　　　　　　　　　　　73EJD：194
☑……
☑□□□□□□再也，謹因仲子莫復遣　　　　　73EJD：195A
☑　　□□□□　　　　　　　　　　　　　　　73EJD：195B

清河〔1〕大守一人，秩真二千石，印章曰清河大守章
……　　　　　　　　　　　　　　　　　　　73EJD：247+199

【校釋】
姚磊（2016G2）、（2017N，42頁）綴。「印」字原作「封」，綴合後釋。

【集注】
〔1〕清河：周振鶴（2017，97頁）：景帝三年，趙國除，清河支郡屬漢。中三年，
　　置清河國，立子乘，是為清河哀王。武帝建元五年，國除為清河郡。元朔二年，

得廣川王子侯國；蒲領、棗強。元鼎三年，復置清河國，代王義徙為清河剛王……（宣帝）地節四年，清河國除為郡。元帝初元二年，復置清河國，立宣帝子竟為清河王。永光元年，清河王竟徙中山，國除為郡。《漢志》清河郡領縣十四。武帝元鼎四年至昭帝始元五年之清河國即為十四縣加上蒲領、南曲、修市、東昌四侯國和觀津縣。

今按，說甚是。《漢書‧地理志上》：「清河郡，高帝置。莽曰平河。」

今日盡居延不為發代冤今☑　　　　　　　　　　　73EJD：202

□□詣亭，或留宿至五六日，郵吏會官，不便□☑　　73EJD：203

……☑

車載遣信長吏卒徒送致□☑　　　　　　　　　　　73EJD：206

請車轅〔1〕八具，移都尉府　　·一封☑　　　　73EJD：209

【集注】

〔1〕車轅：車前駕牲畜的兩根直木。《後漢書‧董卓傳》：「以頭繫車轅，歌呼而還。」

教使者狀☑　　　　　　　　　　　　　　　　　　73EJD：215

庾□☑　　　　　　　　　　　　　　　　　　　　73EJD：217

□游一時　　☑　　　　　　　　　　　　　　　　73EJD：219

宋陽棠☑　　　　　　　　　　　　　　　　　　　73EJD：223

☑……

☑□月出及長水宣曲〔1〕□□□□□

☑　……　　　　　　　　　　　　　　　　　　　73EJD：230

【集注】

〔1〕長水宣曲：《漢書‧百官公卿表上》：「長水校尉掌長水宣曲胡騎。」顏師古注曰：「長水，胡名也。宣曲，觀名，胡騎之屯於宣曲者。」《漢書‧劉屈氂傳》：「使長安囚如侯持節發長水及宣曲胡騎，皆以裝會。」顏師古注曰：「長水，校名，宣曲，宮也，並胡騎所屯。」《後漢書‧光武帝紀》：「是歲，省長水、射聲二校尉官。」李賢注：「《前書音義》曰：『長水，地名，胡騎所屯。射聲謂工射者也，夜中聞聲則射之，因以為名，』二校尉皆武帝置，今省之。」則長水為地名，胡騎所屯，因以為校尉名。宣曲為宮觀名，亦屯有胡騎。

陽朔三年九月庚辰〔1〕，莫當〔2〕隧卒張柱〔3〕貰買官☑

廿除橐、二百歸橐，凡除八百，餘衣□☑　　　　　　73EJD：231

【集注】

〔1〕陽朔三年九月庚辰：陽朔，漢成帝劉驁年號。據徐錫祺（1997，1640 頁），陽
　　　朔三年九月癸亥朔，十八日庚辰，公曆公元前 22 年 10 月 27 日。

〔2〕莫當：隧名。

〔3〕張柱：人名，為隧卒。

☑□吏欲買衣者，與同會　　　　　　　　　　　73EJD：238

☑□史臨〔1〕　　　　　　　　　　　　　　　73EJD：241

【集注】

〔1〕臨：人名。

□□得叩頭□丁□□□☑　　　　　　　　　　　73EJD：242A

凡□□凡☑　　　　　　　　　　　　　　　　73EJD：242B

☑實書以雞鳴〔1〕至守堅不相　　　　　　　　　73EJD：243

【集注】

〔1〕雞鳴：陳夢家（1980，248～249 頁）：雞鳴在五夜（更）之戊夜後三刻，旦明
　　　之前。漢簡雞鳴時分前鳴、中鳴、後鳴三級。

　　　　冨谷至（2018，93 頁）：雞鳴時為上午四時半左右……亦稱「雞中鳴」時
　　　或「雞後鳴」時。

　　　　今按，諸說是。

獄徵事，當為傳，移過所縣道，毋苛留，□□□□□☑

滎陽守丞顯〔1〕移過所，如律令。　掾喜〔2〕、令史宣〔3〕。　　☑
　　　　　　　　　　　　　　　　　　　　　　73EJD：244

【集注】

〔1〕顯：人名，為滎陽守丞。

〔2〕喜：人名，為掾。

〔3〕宣：人名，為令史。

載輪廣地，必取五兩就即錢□☑　　　　　　　　　　　　　　73EJD：245

建始四年八月甲辰朔丁未〔1〕，都鄉有秩免〔2〕、左當〔3〕敢☑
官獄徵事，當為傳，移過所縣邑門亭津☑　　　　　　　　　　73EJD：246

【集注】

〔1〕建始四年八月甲辰朔丁未：建始，漢成帝劉驁年號。據徐錫祺（1997，1626
　　　頁），建始四年八月甲辰朔，四日丁未，公曆公元前 29 年 8 月 31 日。

〔2〕免：人名，為都鄉有秩嗇夫。

〔3〕當：人名，為都鄉佐。

居延四封　　☑
十月□□帶子□☑　　　　　　　　　　　　　　　　　　　　73EJD：248

前北四封、記一者，以日入受合〔1〕。此一封趙尊〔2〕印，以昏五分受當〔3〕，
以夜食五□☑　　　　　　　　　　　　　　　　　　73EJD：280A+250A
分付適，如律令　　　　　　　　　　　　　　　　　73EJD：280B+250B

【集注】

〔1〕合：當為人名。

〔2〕趙尊：人名。

〔3〕當：當為人名。

☑□猛〔1〕還，捕亡猛狗，猛不責，捕□☑　　　　　　　　　73EJD：251

【集注】

〔1〕猛：人名。

☑□□子贛黨肯用□□☑　　　　　　　　　　　　　　　　　73EJD：253
☑□乙卯□☑　　　　　　　　　　　　　　　　　　　　　　73EJD：254
尉丞行塞舉如牒，敢言之☑　　　　　　　　　　　　　　　　73EJD：255
☑□毋令□　□☑　　　　　　　　　　　　　　　　　　　　73EJD：257A
☑……☑　　　　　　　　　　　　　　　　　　　　　　　　73EJD：257B

☑□通望〔1〕隧長、斬首〔2〕隧長、臨道〔3〕隧長，以顧就□☑　73EJD：258A

☐尉馬卿公使隧長謀輔〔4〕持牛車行糧，至今未☐☐　　　　73EJD：258B

【集注】

〔1〕通望：隧名。

〔2〕斬首：隧名。

〔3〕臨道：隧名。

〔4〕謀輔：人名，為隧長。

　　　　　　六月郵書課〔1〕多不相應，書行留遲過界中

☐☐壹尚尚伏　　罰，今轉舉各如牒，書到，嚴教吏書，

　　　　　　各如律令，會月廿五日。　　　　　　　　　　73EJD：260A

☐　　掾商〔2〕、守屬賀〔3〕。　　　　　　　　　　　　　73EJD：260B

【集注】

〔1〕郵書課：陳夢家（1980，22 頁）：所謂郵書課當指專門記載郵書往來的簿錄，其
　　內容約有下述諸項：（1）南書或北書，（2）郵書性質（如書檄、詔書等），（3）
　　封數及其裝束（如合檄、析檄），（4）發文者的封泥印章，（5）所詣即收文者，
　　（6）傳受的郵站及其吏卒姓名，（7）郵站收發時刻，（8）規定的里程及時程，
　　（9）傳送的方法（如郵行、亭行、隧次行、吏馬行等），（10）其他。傳受的郵
　　站（即亭隧）大約可分為前站、中間站與下站三者。凡南書，前站在北而下站
　　在南；北書則反是。所謂中間站，往往是簿書記錄者，承受前站，傳付下站。

　　　　初昉、世賓（2013，243 頁）：刺，刺取其要，猶扼要言之，如「名刺」
　　即是。此處指諸郵書過往時的簡要登記。居延簡、敦煌簡又見「郵書課」，所
　　謂「各署日時令可課」。指傳遞郵書必記其書名、數量、方向、發件人姓名印
　　章、收件人及傳遞人、交接和詳盡日時等，以備考課。郵書刺所記或較簡略。
　　郵書課還另加傳遞里數（稱界中）、法定傳送時間（當行）、實際傳送時間（定
　　行）、延誤時間（留遲）和考課評語（中程、不中程）等內容。

　　　　李均明（2016，144～145 頁）：郵書課，是關於傳遞郵書的考核文書，內
　　容除登錄實情外，尚加考核評語……郵書課之形式與郵書刺同，僅文末多記錄
　　了傳行里程及所耗費時間並加以考核評語。

　　　　今按，諸說多是。唯陳夢家認為郵書課指專門記載郵書往來的簿錄，是誤
　　以郵書刺為郵書課。郵書課為有關郵書傳遞的考課記錄，郵書刺加考核評語即
　　為郵書課。

〔2〕商：人名，為掾。

〔3〕賀：人名，為守屬。

☑☑孟　楊卿羊☑

☑……☑　　　　　　　　　　　　　　　　　　　73EJD：261A

☑☑☑☑

☑☑☑☑　　　　　　　　　　　　　　　　　　　73EJD：261B

☑☑萬世〔1〕隧見吏告遣詣　　　　　　　　　　　　73EJD：262A

☑☑且各怒力過使者　　　　　　　　　　　　　　73EJD：262B

【集注】

〔1〕萬世：隧名。

☑……行前日☑

☑……☑　　　　　　　　　　　　　　　　　　　73EJD：264A

☑……☑

☑……肩水金關……☑　　　　　　　　　　　　　73EJD：264B

☑……☑

☑☑安卿卿言☑☑堅吏不入，請削去之，不可☑　　73EJD：265A

☑……未欲癸☑（習字）　　　　　　　　　　　　73EJD：265B

【校釋】

該簡側面有刻齒。

☑足下：良煩諸事坐☑　　　　　　　　　　　　　73EJD：266A

☑☑☑☑　　　　　　　　　　　　　　　　　　　73EJD：266B

☑……二月戊☑

☑……順☑　　　　　　　　　　　　　　　　　　73EJD：268

建昭六年正月辛未朔丙戌〔1〕，廣☑

牒到，出入如律令☑　　　　　　　　　　　　　　73EJD：270

【集注】

〔1〕建昭六年正月辛未朔丙戌：建昭，漢元帝劉奭年號。建昭六年即竟寧元年，據
徐錫祺（1997，1617 頁），竟寧元年正月辛未朔，十六日丙戌，為公曆公元前
33 年 3 月 4 日。

十一月庚午，橐他⊠　　　　　　　　　　　　　　　　73EJD：272

⊠詔書清塞〔1〕⊠　　　　　　　　　　　　　　　　73EJD：274

【集注】

〔1〕詔書清塞：勞榦（1960，3 頁）：具騎逐田牧畜產猶言清野，虜將入，必藏牛
羊，使毌為虜所得。部界指太守都尉所在之境界，乙面言「詔書清塞下」亦此
意也。《匈奴傳》言武帝元年時大行王恢誘單于入塞，未至馬邑百餘里見畜布
野而無人牧之者，怪之，乃攻亭隧得行亭尉史，具得漢謀。蓋有警必藏諸畜，
無警必有人牧畜也。

今按，說是。「詔書清塞」又見於居延漢簡，簡文如下：

得倉丞吉兼行丞事，敢告部都尉卒人：詔書清塞下，謹候望，督蓬火，虜
即入，料度可備中，毌遠追，為虜所詐。書已前下，檄到，卒人遣尉、丞、司
馬數循行，嚴兵（12・1A）

禁止行者，便戰鬥具，驅逐田牧畜產，毌令居部界中。警備，毌為虜所詐
利，且課毌狀不憂者，劾尉、丞以下，毌忽，如法律令，敢告卒人。／掾延年、
書佐光、給事（12・1B）

「清塞」即撤回邊境城塞下活動的人員及牛馬等畜產，防止被來犯之敵
匈奴等獲去。其為詔書所規定，因此言詔書清塞下。又其義或同「清野」。《後
漢書・鮮卑傳》：「元初二年秋，遼東鮮卑圍無慮縣，州郡合兵固保清野，鮮卑
無所得。」李賢注：「清野謂收斂積聚，不令寇得之也。」

⊠□□至⊠　　　　　　　　　　　　　　　　　　　73EJD：278

建始二年正月己未朔戊寅〔1〕，□□□□□張掖肩水⊠
忠、助府佐張尊〔2〕行塞，當舍傳舍，如律⊠　　　　73EJD：279

【集注】

〔1〕建始二年正月己未朔戊寅：建始，漢成帝劉驁年號。據徐錫祺（1997，1621

頁），建始二年正月己未朔，廿日戊寅，為公曆公元前 31 年 2 月 14 日。

〔2〕張尊：人名，為助府佐。

卯憲入曲息之事　　☑　　　　　　　　　　　　　　73EJD：281A

武陵〔1〕丞印發……　☑　　　　　　　　　　　　73EJD：281B

【集注】

〔1〕武陵：據《漢書·地理志》，武陵為漢中郡屬縣。

責賈長孫□□□☑

已此所費事□☑　　　　　　　　　　　　　　　　73EJD：282A

□獻☑

□□□□屬決具□☑　　　　　　　　　　　　　　73EJD：282B

……☑　　　　　　　　　　　　　　　　　　　　73EJD：283A

居延丞印　□□□☑　　　　　　　　　　　　　　73EJD：283B

弟宣〔1〕叩頭言　　·秦卿趙□☑

子鴌〔2〕、子恩〔3〕足下：善毋恙，閒者頃不☑　　73EJD：284A

二□□□□□計□□□書☑

張少平〔4〕、鄭君孟仲臧子鴌，謹叩☑

請　☑　　　　　　　　　　　　　　　　　　　　73EJD：284B

【集注】

〔1〕宣：人名，為致信者。

〔2〕子鴌：人名，為受信者。

〔3〕子恩：人名，為受信者。

〔4〕張少平：人名。

塞曹書佐☑　　　　　　　　　　　　　　　　　　73EJD：285A

得毋有它□☑　　　　　　　　　　　　　　　　　73EJD：285B

書言騂北亭長馬適強〔1〕病，不能視事，以病□☑　　73EJD：288

【集注】

〔1〕馬適強：人名，為驛北亭長。

肩水倉建昭二年六月轉就□☑　　　　　　　　73EJD：289A

□廋索，毋令姦人☑　　　　　　　　　　　　73EJD：289B

南部候長韓卿〔1〕治所隧次行〔2〕□（檢）　　73EJD：317A

楊朗〔3〕會日□次行☑（檢）　　　　　　　　73EJD：317B

楊朗□□　□☑（檢）　　　　　　　　　　　73EJD：317C

【集注】

〔1〕韓卿：為南部候長，卿當為尊稱。

〔2〕隧次行：高恆（1998，397 頁）：或即逐燧傳遞。這種方式傳遞的文書，可能
　　是一些需要通知各燧的事情，即依次傳閱，令其辦理。

　　　　汪桂海（1999，185 頁）：漢簡中，凡「隧次行」者，多為露布，即需要
　　公開傳遞的文書，逐隧傳遞意在沿途傳閱，寓傳遞與傳閱兩重性。

　　　　中國簡牘集成編輯委員會（2001F，60 頁）：漢代傳遞文書的一種形式，
　　按烽燧為順序，依次傳送。

　　　　今按，諸說多是。隧次行即以隧為序次第傳送文書。

〔3〕楊朗：當為人名。

莫當〔1〕隧長以郵行〔2〕□　□□□□毋以它為解□□□前（檢）

　　　　　　　　　　　　　　　　　　　　　73EJD：318A

九月癸戌……（檢）　　　　　　　　　　　　73EJD：318B

教（檢）　　　　　　　　　　　　　　　　　73EJD：318C

【集注】

〔1〕莫當：隧名。

〔2〕以郵行：徐樂堯（1984，317 頁）：通過郵亭傳遞文書，在漢簡中稱「以郵行」……
　　「以郵行」所傳遞的文書，一般是距離較遠的文書。

　　　　高恆（1998，397 頁）：即通過傳送文書的機構傳送。郵，後改名為置，
　　即驛站。《漢書・黃霸傳》顏師古注：「郵，行書舍，謂傳送文書所止處。」驛
　　站備有馬匹、驛童，供傳送文書用。「以郵行」，多是傳遞較遠距離的文書。

汪桂海（1999，185 頁）：「以郵行」指長距離的文書傳遞，要求通過郵驛傳送。

中國簡牘集成編輯委員會（2001G，100 頁）：通過郵置、驛馬、傳車運送文書的傳遞方式。距離較遠且需經過中轉的一般公文郵書大多採取「以郵行」的方式，以區別於距離較近可以一站到達不需中轉的文書和郵件。

今按，諸說多是。以郵行即通過「郵」這種機構傳送文書。

官次傳盡莫當以亭次行〔1〕□都吏詣鄣候舍，酒丙寅傳南出入十餘日不到府，今府持記，趣之□□各推辟□□□□（檢）　　　　　　　　　　73EJD：319A

□相付受日時，候長候史以檄言出部界日時，官次行□□□□□□（檢）

73EJD：319B

三月乙亥，官記告駿馬〔2〕亭南至莫當前府傳鹽二石，少廣地候官丿　□上自
□□（檢）　　　　　　　　　　　　　　　　　　　　　　　　73EJD：319C

教（檢）　　　　　　　　　　　　　　　　　　　　　　　　73EJD：319D

【校釋】

該簡形制當屬「觚」。

【集注】

〔1〕官次傳盡莫當以亭次行：「官次傳」即 B 面「官次行」，當指按照候官的順序次第傳送文書。莫當為隧名。「亭次行」即以郵亭為序次第傳送文書。因此，這句話是說傳送文書時先以候官為序，到莫當隧以後再以郵亭為序次第傳送。

〔2〕駿馬：亭名。

從鳳⊠　　　　　　　　　　　　　　　　　　　　　　　　　73EJD：322

⊠□都尉府十二日⊠　　　　　　　　　　　　　　　　　　　73EJD：323

⊠居延丞□□⊠　　　　　　　　　　　　　　　　　　　　　73EJD：324

⊠近衣強酒食　願子高〔1〕為時□⊠

⊠毋恙，叩頭叩頭　□奉聞嚴教□⊠（削衣）　　　　　　　　73EJD：325

【集注】

〔1〕子高：人名。

☑☐☐☐　☐☐☑　　　　　　　　　　　73EJD：326

☑☐☐☐☐☐☐☑（削衣）　　　　　　　73EJD：327

☑宣卅餘日乃到☐☑　　　　　　　　　73EJD：330

☑☐☐☐日中☐☐☐☐……　☐☐☐不上功書☑

☑☐☐平數上上功故　多其實非聽受上，解何☑　73EJD：332

☑金關居延☑　　　　　　　　　　　　73EJD：333

☑☐☐關，寫移書到，如律令☑　　　　73EJD：334

☑☐☐敢言之：遣從史杜霸〔1〕從令對大守府，占所乘用馬一匹、輜車一乘，與☐☑　　　　　　　　　　　　　　73EJD：335

【集注】

〔1〕杜霸：人名，為從史。

☑☐籍及穀簿，唯官☐☑　　　　　　　73EJD：336

☑之勞，幸得子☑

☑……☑　　　　　　　　　　　　　　73EJD：337

……☑

譚　☑

☐謹☑　　　　　　　　　　　　　　　73EJD：338

鄧　　☑　　　　　　　　　　　　　　73EJD：339

☑☐☐☐☐☑

☑☐必不☐☐☑　　　　　　　　　　　73EJD：340

☑甚謹☐☑

☑☐☐☐☐☑　　　　　　　　　　　　73EJD：341

☑……從☐☐☑

☑丞故郊卿……☑　　　　　　　　　　73EJD：342

☑☐使千☑　　　　　　　　　　　　　73EJD：343

☑　　☐☐☐☐☑　　　　　　　　　　73EJD：344

☑☐居延庫詣大守☑　　　　　　　　　73EJD：345

☑幸甚叩頭　　☑　　　　　　　　　　73EJD：346

☑☐千☐☑　　　　　　　　　　　　　73EJD：347

☑五百☑☑   73EJD：348

☑☑食之☑☑   73EJD：349

☑☑亭隧復書☑☑   73EJD：350

☑☑門下白事☑

☑☑　　☑   73EJD：351

☑鴻嘉元七月辛卯〔1〕☑   73EJD：352

【校釋】

「七」原作「十」，許名瑲（2016O）、（2018，342 頁）釋，並認為原簡「元」後脫「年」字。羅見今、關守義（2018，71 頁）則認為十月辛亥朔，當月可有辛酉或辛未，原簡「辛」字後殘留部分無法判斷是「酉」或「未」，因此釋文應為「辛□」。

今按，羅見今、關守義說當非是。原簡「元」和「七」之間有斷裂痕，似乎是拼綴而成，也可能中間掉了「年」字的圖版。

【集注】

〔1〕鴻嘉元七月辛卯：鴻嘉，漢成帝劉驁年號。據徐錫祺（1997，1644 頁），鴻嘉元年七月壬午朔，十日辛卯，為公曆公元前 20 年 8 月 28 日。

☑☑☑☑☑

☑☑子冊☑

☑……☑（削衣）   73EJD：354

☑☑元年中為☑   73EJD：355

……☑

七月壬子，居延守丞城☑   73EJD：357

謹使少平〔1〕奉書請，伏地再拜白☑   73EJD：358

【集注】

〔1〕少平：人名。

☑☑出入如律☑   73EJD：359

肩水候長范賀〔1〕叩頭白記　　☑

橐他候長格卿〔2〕門下　　☑   73EJD：360

【集注】

〔1〕范賀：人名，為肩水候長。

〔2〕格卿：卿或為敬稱，格卿為橐他候長。

☑　在所臨河☑☑	73EJD：361
☑☑今博舍☑	73EJD：362
☑☑亭易可叩頭叩頭	73EJD：363
☑憲、守丞博〔1〕移☑☑	73EJD：364

【集注】

〔1〕博：人名，為守丞。

☑☑六月癸酉，居延丞☑	
☑☑觻得，當舍傳舍，從者如☑	73EJD：365
☑他候宣〔1〕移肩水金關：遣☑	73EJD：366

【集注】

〔1〕宣：人名，當為橐他候。

☑☑居延市，以水貴虛為名　☑	73EJD：367
☑☑候長楊☑	73EJD：368
☑四月壬子日入時☑	73EJD：369
☑☑中部千秋〔1〕隧☑	73EJD：373

【集注】

〔1〕千秋：隧名。

十一月☑	73EJD：374
☑☑不☑	
☑移前☑	73EJD：375

☑☑☑☑☑為☑

☑在子侯〔1〕所☑☑☑☑☑

☑☑☑   73EJD：376

【校釋】

第二行「侯」原作「候」，徐佳文（2017A）釋。

【集注】

〔1〕子侯：人名。

☑負輔狗直輔☑   73EJD：377

☑□子上以□☑

☑掖大守范利章□□☑

☑□大守□□□□☑   73EJD：378

☑□□□□□□☑

☑到，出入如律令。　□☑   73EJD：379

尉舍又客□☑   73EJD：380

☑□十里除行二日半日不中☑   73EJD：381

張掖肩候☑   73EJD：383

☑　掾襃〔1〕、守令史敞〔2〕☑   73EJD：384

【集注】

〔1〕襃：人名，為掾。

〔2〕敞：人名，為守令史。

☑□宗以□□☑   73EJD：386

☑□非敢言☑   73EJD：387

☑……

☑□不復更為書

☑□叩頭   73EJD：388

敢言之☑   73EJD：389

☑卿☑   73EJD：390

☑□實、陳君長〔1〕、鄭君□☑   73EJD：391

【校釋】

「實」字圖版作𥫱，當為「賓」字。

【集注】

〔1〕陳君長：人名。

肩水金關 72EJC

居延甲渠候長〔1〕兒譚〔2〕遣為天水獂道〔3〕丞，十二月丁酉入關。

　　　　　　　　　　　　　　　　　　　　　　72EJC：1

【集注】

〔1〕甲渠候長：陳夢家（1980，53 頁）：甲渠候長可以是甲渠候官下某一部的候長，
　　也可以是甲渠部的候長。

　　　　李均明（1992A，34〜35 頁）：甲渠候史當亦然。據簡文所見，陳先生所
　　說的兩種可能性都存在……筆者認為甲渠部作為專名部即使曾經存在過也不
　　可能與第四、第十部同時並存。「甲渠候長」「甲渠候史」這兩種稱謂在簡牘中
　　出現次數較多的原因主要還是以它們泛稱甲渠候官下屬諸部候長、候史的緣
　　故。

　　　　今按，諸說多是。該簡「甲渠候長」當指甲渠候官下屬某一部的候長。

〔2〕兒譚：人名，為候長。

〔3〕獂道：趙爾陽（2016C）：獂道，《漢志》屬天水郡。應劭注曰：「獂，戎邑也，
　　音完。」《漢書補注》：「先謙曰：秦孝公斬戎之獂王，見《秦紀》。《匈奴傳》
　　所謂隴西有翟獂之戎也。」《後漢書·西羌傳》：「秦獻公初立，欲復穆公之迹，
　　兵臨渭首，滅狄獂戎。」可知，在秦孝公之時，獂戎之地已被納入秦國，秦國
　　很有可能在此設縣。馬非百亦認為獂道當為秦縣，漢沿襲之，「漢無獂戎，故
　　獂道亦當為秦之舊縣而漢因之。」《水注·渭水注》：「渭水又東南逕獂道縣故
　　城西。昔秦孝公斬戎之獂王。」西安相家巷出土秦封泥中亦有「獂道丞印」。
　　由此可證，獂道當為秦縣無疑。

　　　　今按，其說當是。《漢書·地理志下》：「獂道，騎都尉治密艾亭。」

鴻嘉四年二月丁卯朔辛未〔1〕，肩水守候長〔2〕謂關嗇夫吏〔3〕：督蓬史〔4〕張
卿葆從者
名縣爵里年姓各如牒，書到，出入如律令。　　　　　　72EJC：2A

君印　　　　　　　　嗇夫譚〔5〕發
二月辛未鄰〔6〕以來　　君前　　　　　　守令史宣〔7〕　　　　　　72EJC：2B

【集注】

〔1〕鴻嘉四年二月丁卯朔辛未：鴻嘉，漢成帝劉驁年號。據徐錫祺（1997，1649
　　　頁），鴻嘉四年二月丁卯朔，五日辛未，為公曆公元前 17 年 3 月 25 日。

〔2〕長：人名，為肩水守候。

〔3〕關嗇夫吏：郭偉濤（2017A，248 頁）：「守候長」即名為「長」的守候，「嗇夫
　　　譚發君前」顯示關嗇夫譚在肩水守候面前開封，故正面「關嗇夫吏」為關嗇夫
　　　泛稱，並非嗇夫名「吏」。

　　　　　今按，其說當是。關嗇夫吏是說作為關嗇夫的吏員。

〔4〕督蓬史：羅振玉、王國維（1993，140～141 頁）：督薰，亦官名。《後漢書·西
　　　羌傳》有郡督烽掾李年，則督薰乃郡吏為之，如郡督郵書掾矣。

　　　　　賀昌群（2003B，163 頁）：《後漢書·西羌傳》（《滇良傳》）都郡督烽掾李
　　　章。則督烽掾乃郡吏為之，如《續漢書·百官志》之郡督郵書掾也。督燧之官，
　　　則專司巡察亭燧者。

　　　　　勞榦（1960，43～44 頁）：珍北據封檢所載，當為居延塞上最北一候官。
　　　督烽掾從珍北始，則其督察當自北而南。居延都尉治遮虜鄣，稍近北。張掖太
　　　守治觻得，則在諸塞之南。是督烽掾當為都尉之掾，非太守之掾矣。

　　　　　陳夢家（1980，123 頁）：此與以上兵馬掾、塞曹及下戍曹皆居塞邊郡特
　　　設的曹掾。《後漢書·西羌傳》述元和三年秋號吾「入寇隴西界，郡督烽掾李
　　　章追之」，是隴西郡亦有之。督烽掾簡稱督烽，猶督郵掾簡稱督郵。漢簡又有
　　　督烽燧史、大烽燧史、督烽史，或為督烽掾之副。

　　　　　薛英群（1991，474 頁）：邊塞上一般設有監督烽火情況的「督蓬」或「督
　　　蓬掾」，循行於所轄烽燧。

　　　　　王俊梅（2007，214 頁）：簡牘所見督烽掾一般是由都尉府派駐所轄各候
　　　官，監督檢查各候官、部、隧的工作，重點監督烽火器物的管理、使用情況，
　　　同時還對所轄下級官吏進行督察，其下有督烽隧史、督烽史等。

　　　　　今按，居延漢簡可見「督烽掾」一職，如「督薰掾從珍北始」（421·8）。
　　　其當如勞榦等所指出為都尉府派出循行督察烽火的掾。而督烽史則如陳夢家
　　　等所說為督烽掾之副。

〔5〕譚：人名，為嗇夫。

〔6〕鄴：人名。

〔7〕宣：人名，為守令史。

☑關嗇夫賞〔1〕叩頭死罪敢言之：洒壬戌居延　　　　　72EJC：7

【集注】

〔1〕賞：人名，為關嗇夫。

☑己未，尉史章〔1〕敢言之：謹移候尉吏卒
☑金關，敢言之。　　　　　　　　　　　　　　　72EJC：8

【集注】

〔1〕章：人名，為尉史。

金關往者令史歆〔1〕以檄書為吏卒遣出入關，止不內還道☐　72EJC：9+61

【集注】

〔1〕歆：人名，為令史。

☑女弟尉年五歲，小男，子幼薪生　　　　　　　72EJC：13

初元四年正月辛亥朔乙卯〔1〕，西鄉有秩福〔2〕敢告☐
可期言延，謁移過所邑，勿苛留，敢言之☐
……如律令☐☐☑　　　　　　　　　　　　　72EJC：15A
章曰滎陽丞印　　☑　　　　　　　　　　　72EJC：15B

【集注】

〔1〕初元四年正月辛亥朔乙卯：初元，漢元帝劉奭年號。據徐錫祺（1997，1593
　　頁），初元四年正月辛亥朔，五日乙卯，為公曆公元前45年2月5日。

〔2〕福：人名，為西鄉有秩嗇夫。

☑長壽〔1〕里，家去大守府三百里
☑為吏六歲九月廿二日
☑其冊五日永光五年……以令奪勞（削衣）　　　　72EJC：16

【集注】

〔1〕長壽：里名。

☑□諸子毋恙，嚴☑

☑□　　☑（削衣）　　　　　　　　　　　　　　　　　72EJC：17

・告縣，往者告劾多不應法，又留不上囚到狀長丞☑　　72EJC：256+22

建始元年二月□☑（削衣）　　　　　　　　　　　　　72EJC：28

☑□□升☑　　　　　　　　　　　　　　　　　　　　72EJC：30

☑守府書律令☑　　　　　　　　　　　　　　　　　　72EJC：35

☑尉惲〔1〕、丞宣〔2〕謂

☑令。　　　　　　　　　　　　　　　　　　　　　　72EJC：39

【集注】

〔1〕惲：人名，為尉。

〔2〕宣：人名，為丞。

☑　苛留止，如律☑　　　　　　　　　　　　　　　　72EJC：54

猛〔1〕即日日中時行肩水塞，竟表通從河西來，猛謹先即☑　72EJC：57+148

【集注】

〔1〕猛：人名。

☑□□尉　丞謂候城尉：兵守御器各有☑　　　　　　　72EJC：58

輔〔1〕報子文〔2〕所屬以事且已矣，札少☑　　　　　72EJC：60

【集注】

〔1〕輔：人名。

〔2〕子文：人名。

☑　四月乙酉朔丙戌，士吏□☑　　　　　　　　　　　72EJC：62

【校釋】

　　該簡年屬許名瑲（2016N）、（2018，330 頁）推擬為元帝初元三年（前 46），且認為光武建武廿四年（48）可為參考年代。羅見今、關守義（2018，73 頁）則認為屬初元三年。今按，諸說多是。該簡年代當為初元三年。

☑……移過所縣邑，毋□☑

☑□移過所縣邑，如律令。／掾成〔1〕、令☑　　　　　　　72EJC：65

【集注】

〔1〕成：人名，為掾。

永光二年十二月戊午朔乙丑〔1〕，居延☑　　　　　　　72EJC：66

【集注】

〔1〕永光二年十二月戊午朔乙丑：永光，漢元帝劉奭年號。據徐錫祺（1997，1600 頁），永光二年十二月戊午朔，八日乙丑，為公曆公元前 41 年 1 月 25 日。

☑　　氐池守長　　　☑　　　　　　　72EJC：69

未女子毛幸子夫夫□□乃夫夫卒夾□又夫夫（習字）　73EJC：621＋72EJC：70

【校釋】

　　姚磊（2016G4）綴。

☑……　　　　　　　　　　　　　　72EJC：71

……　　　　　　　　　　　　　　72EJC：72

☑便別至今獨有□□　　☑　　　72EJC：74＋78

☑長至累亭長，寫傳……☑　　　72EJC：75

☑水塞壽□☑

☑居平安□☑　　　　　　　　　72EJC：76

元興元□☑　　　　　　　　　　72EJC：77A

元興元年☑　　　　　　　　　　72EJC：77B

人耕種百人☑　　　　　　　　　72EJC：80

☑□　　　　　　　　　　　　　72EJC：81A

☑☑	72EJC：81B
……☑	72EJC：82
☑六人馬一匹、牛四☑☑	72EJC：83A
☑☑☑☑請諸亭吏☑	72EJC：83B
☑☑☑守☑右☑☑　　☑	72EJC：84
……厚……☑	72EJC：86A
……意之☑	72EJC：86B
☑……	72EJC：87

☑破胡，願宜勿夜☑	72EJC：88A
☑中風〔1〕手不☑☑	72EJC：88B

【集注】

〔1〕中風：方勇、張越（2017）：「中風」一病的記載始於《內經》，被稱作擊仆、
大厥等。漢代的張仲景首提「中風」之名，《傷寒論》認為：「太陽病，發熱，
汗出，惡風，脈緩者，名為中風。」

今按，說或是。「中風」即傷風，《漢書・敘傳上》：「道病中風，既至，以
侍中光祿大夫養病，賞賜甚厚，數年未能起。」顏師古注曰：「中，傷也，為
風所傷。」

借百石，今但有報☑☑	
……☑	72EJC：89A
☑☑	72EJC：89B
☑☑告逆與☑☑☑	72EJC：90A
☑☑取會☑之☑	72EJC：90B

博誼〔1〕叩頭死罪，敢☑	72EJC：91

【集注】

〔1〕博誼：人名。

☑☑軍復深☑☑	72EJC：92
☑☑☑☑	72EJC：93A
☑☑☑☑☑	72EJC：93B

☑□索部界中，得以檄言，以畀　　　　　　　　72EJC：94

☑……它，書到□□☑　　　　　　　　　　　72EJC：97

……☑　　　　　　　　　　　　　　　　　　72EJC：98A

……☑　　　　　　　　　　　　　　　　　　72EJC：98B

□卿　　☑

……　　☑　　　　　　　　　　　　　　　　72EJC：99

☑廿四　☑　　　　　　　　　　　　　　　　72EJC：101

☑……　毋□□☑　　　　　　　　　　　　　72EJC：103

☑□王地餘〔1〕俱　☑　　　　　　　　　　72EJC：104

【集注】

〔1〕王地餘：人名。《急就篇》可見人名「左地餘」，顏師古注：「地餘，言土地有
　　餘，封邑廣大也。漢有歐陽地餘。」

建始二年☑

迎都尉橐他□☑　　　　　　　　　　　　　　72EJC：107

☑子真賜書教☑

☑□叩頭死=☑　　　　　　　　　　　　　　72EJC：108A

☑□□□□☑

☑□夫人　☑

☑蘭使　☑　　　　　　　　　　　　　　　　72EJC：108B

☑□□□下　·記以月六日□☑　　　　　　　72EJC：109

☑……

☑□□□□□□□☑　　　　　　　　　　　　72EJC：110

☑□□奉書　☑　　　　　　　　　　　　　　72EJC：111A

☑……☑　　　　　　　　　　　　　　　　　72EJC：111B

☑……（習字）　　　　　　　　　　　72EJC：112+203

☑□家私市張掖強弩（削衣）　　　　　　　　72EJC：115

☑二　三　　　　　　　　　　　　　　　　　72EJC：122

☑□□五寸□□□建　☑　　　　　　　　　　72EJC：124

☑及不相應者，皆毋內，檄言以　　　　　　　　　72EJC：131

……☑　　　　　　　　　　　　　　　　　　　　72EJC：139

自追趣到課言〔1〕。‧謹案：禹〔2〕除以來積廿五日，重追三不到，官唯府

72EJC：140

【集注】

〔1〕到課言：李均明（1993，170 頁）：遣書中通常都有「到課言」句，意即被遣人
　　到達後，接受單位必須考核其到達時間，並將結果回報給發遣單位。

　　　　李均明（2009，56 頁）：遣書，猶今派遣證，是對方單位憑以接收的書
　　證……凡遣書，文末皆云「到課言」，意謂收到派遣證及被派遣的人後，核實
　　其是否準時到達並作出書面回報。

　　　　今按，說是。該簡即為收到遣書以後的回報文。

〔2〕禹：人名，為被派遣人。

☑□男子趙彊〔1〕自言

☑徵事，當得取傳，謁　　　　　　　　　　　　　72EJC：142

【集注】

〔1〕趙彊：人名，為申請傳者。

正月乙巳，張掖祁連☑　　　　　　　　　　　　　72EJC：144

主卒二人以候望為職，至今年五月壬辰乘隧〔1〕，戍卒許朔〔2〕望見隧北彊落

上有不知何　　　　　　　　　　　　　　　　　72EJC：146+613

【校釋】

　　姚磊（2016G5）綴。

【集注】

〔1〕乘隧：薛英群、何雙全、李永良（1988，91 頁）：上隧值勤。

　　　　今按，其說是。乘為登，升義，《漢書‧陳湯傳》：「夜過半，木城穿，中
　　人欲入土城，乘城呼。」顏師古注：「乘，登也。」乘隧即登隧。

〔2〕許朔：人名，為戍卒。

☑……☑　　　　　　　　　　　　　　　　72EJC：151
☑以疾它在乘北亭　　　　　　　　　　　72EJC：152
☑☑☑☑☑☑　　☑　　　　　　　　　　　72EJC：153

☑禁姦〔1〕卒恭〔2〕，布襲一領，直☑　　72EJC：158A
☑卿夫人幸臨，今蚤餔〔3〕先☑　　　　　72EJC：158B

【集注】

〔1〕禁姦：隧名。

〔2〕恭：人名，為戍卒。

〔3〕蚤餔：張德芳（2004，196 頁）：「蚤餔」是指「餔時」前的一段，不管十二時
　　　制、十六時制，還是十八時制，都未把「蚤餔」列為單獨一個稱謂，而且文獻
　　　中也無此記載……「蚤餔」一稱，它可能同「餔時」以後的「餔坐」包括在「餔
　　　時」這一大的時間段裏，析分為三，總稱為一。

　　　　今按，說是。

五月戊申，居延令弘〔1〕、丞☑　　　　　72EJC：159A
☑☑　　☑　　　　　　　　　　　　　　　72EJC：159B

【集注】

〔1〕弘：人名，為居延縣令。

☑敢告尉史：城南〔1〕里郭安〔2〕自言取傳，為☑　72EJC：161

【集注】

〔1〕城南：里名。

〔2〕郭安：人名，為申請傳者。

中卿足下☑　　☑　　　　　　　　　　　72EJC：165
☑賞即　　　　　　　　　　　　　　　　72EJC：166
☑時□謹與候史　　☑
☑……　　☑　　　　　　　　　　　　　72EJC：169
☑移過所縣道津關☑（削衣）　　　　　　72EJC：170

☑☑☑☑☑……頭辛甚☑

☑□黨為君都〔1〕、君曼〔2〕棄，捐之〔3〕急□☑
☑……☑（削衣）　　　　　　　　　　　　　　　72EJC：171

【集注】

〔1〕君都：人名。

〔2〕君曼：人名。

〔3〕捐之：人名。

☑／掾□、令史☑（削衣）　　　　　　　　　　　72EJC：172
☑頭，見數☑（削衣）　　　　　　　　　　　　　72EJC：173

☑永光五年　二月□☑　　　　　　　　　　　　72EJC：174

【校釋】

該簡左側有契口，似為刻齒。

……　　　　　　　　　　　　　　　　　　　　72EJC：175
□受事　……　　　　　　　　　　　　　　　　72EJC：178A
……　　　　　　　　　　　　　　　　　　　　72EJC：178B
十二月□□昭武□□☑　　　　　　　　　　　　72EJC：185
☑□□□□☑　　　　　　　　　　　　　　　　72EJC：187
☑……☑（習字）　　　　　　　　　　　　　　72EJC：189A
☑……☑（習字）　　　　　　　　　　　　　　72EJC：189B
十日　☑　　　　　　　　　　　　　　　　　　72EJC：190
☑□持膏酒前，叩頭叩頭，不宜以□□☑　　　　72EJC：199
戌未肖死肖斬令冢地　　　　　　　　　　　　　72EJC：200A
史史超等超　　　　　　　　　　　　　　　　　72EJC：200B

☑謂金城〔1〕隧長福〔2〕、塞虜〔3〕隧☑　　　72EJC：201

【校釋】

簡末「隧」字原作「福」，該字圖版漫漶不清，從可辨識的筆畫來看，其和同簡「金城隧」的「隧」字相似，或當釋「隧」。又據文義來看，釋「福」於義不可解，釋「隧」則文句較通順。

【集注】

〔1〕金城：隧名。

〔2〕福：人名，為金城隧長。

〔3〕塞虜：隧名。

☑守令史輔〔1〕、佐竟〔2〕　　　　　　　　　　　　　　　72EJC：202

【集注】

〔1〕輔：人名，為守令史。

〔2〕竟：人名，為佐。

☑□成陽〔1〕左尉☑（削衣）　　　　　　　　　　　　　72EJC：204

【校釋】

　　姚磊（2019F1）綴合簡72EJC：209和該簡。今按，兩簡似可綴合，拼合後可復原「未」字。但復原出的「未」字似有多出的筆畫，暫不綴合作一簡。

【集注】

〔1〕成陽：汝南郡屬縣。《漢書・地理志上》：「成陽，侯國。莽曰新利。」

☑　大六月壬子朔　☑
☑　六月壬子　☑（削衣）　　　　　　　　　　　　　　72EJC：205

【校釋】

　　該簡年代許名瑲（2016N）、（2018，334頁），羅見今、關守義（2018，74頁）均認為屬孺子嬰居攝二年。今按，諸說是。居攝二年即公元7年。

☑□其其□　☑（削衣）　　　　　　　　　　　　　　　72EJC：207

六月乙未☑（削衣）　　　　　　　　　　　　　　　　　72EJC：209

【校釋】

　　姚磊（2019F1）綴合該簡和簡72EJC：204。今按，兩簡似可綴合，拼合後可復原「未」字。但復原出的「未」字似有多出的筆畫，暫不綴合作一簡。

☑□□□☑　　　　　　　　　　　　　　　　　　　　　72EJC：210

地 72EJC：211A

再拜再拜決疑（習字） 72EJC：211B

☑敢☐二☑ 72EJC：212

神爵五年☐☑

即日遣☑ 72EJC：215

☑己卯定左前候史治所，夷胡〔1〕隧☑（削衣） 72EJC：216

【集注】

〔1〕夷胡：隧名。

☑　守令史仁〔1〕（削衣） 72EJC：219

【集注】

〔1〕仁：人名，為守令史。

☑☐書　☑

☑☐☐☐　☑（削衣） 72EJC：220

☑不又數賜☑（削衣） 72EJC：221

請☐☑ 72EJC：222

☐☑

☐樂☐☑　（削衣） 72EJC：223

☑☐請☑ 72EJC：224

☑☐以因留作履☐☑ 72EJC：226

☑延糴得☐糴得☐　☐☑（削衣） 72EJC：231

☑……☑（習字） 72EJC：232A

☑　☐☑ 72EJC：232B

☑延年延延延居居延都☐☑（習字） 72EJC：234

☑……☑

☑　掾野〔1〕、守令史定〔2〕、佐☑ 72EJC：235A

☑水金關定安〔3〕里龐☐☑

☑……☑ 72EJC：235B

【集注】

〔1〕野：人名，為掾。

〔2〕定：人名，為守令史。

〔3〕安定：里名。

☑……錢　直三十……	72EJC：247
……從☐☐☐塞教毋得言☐	72EJC：249
☑　　前調兼行☐☑	72EJC：255
☑☐移肩☑	
☑☐　　☑	72EJC：257
☑移，書到☐	72EJC：260

貸請月☐☑	72EJC：261A
順〔1〕報子文〔2〕☐☑	72EJC：261B

【集注】

〔1〕順：人名。

〔2〕子文：人名。

☐☐毋官徵事☑	
☐嗇夫武〔1〕行尉☑	
二月己酉，煢陽☑	72EJC：267A
印曰煢陽右☐☑	72EJC：267B

【校釋】

　　兩「煢」字原均作「榮」，據趙爾陽（2016B）說改釋。又 B 面「煢」字趙爾陽（2017，265 頁）認為應釋「榮」。今按，該字作 ⿰字 ，為「煢」字無疑。

【集注】

〔1〕武：人名，為嗇夫。

☑吏光敵送罷卒至	72EJC：268
☑……里父老公乘☐☑	
☑廷，移過所縣邑侯☑	72EJC：270A

☑印　☑　　　　　　　　　　　　　　　　　72EJC：270B

令令☑　　　　　　　　　　　　　　　　　　72EJC：271

☑□然，謹再拜白☑　　　　　　　　　　　　72EJC：272A

☑□日厚賜，因叩頭言☑

☑□此非縣官禮□☑　　　　　　　　　　　　72EJC：272B

☑昨日往，至今不☑　　　　　　　　　　　　72EJC：275

☑□塞下，不持弩兵裘衣堅介〔1〕，適其亭隧長二百里，部候長、候史

　　　　　　　　　　　　　　　　　　　　　72EJC：281

【集注】

〔1〕堅介：此處「介」當義為「鎧甲」，《廣雅・釋器》：「介，鎧也。」《史記・平
　　津侯主父列傳》：「介胄生蟣蝨。」「堅介」即為加固鎧甲。

移昭武，遣士吏霸〔1〕、隧　　　　　　　　　72EJC：286

【集注】

〔1〕霸：人名，為士吏。

先以證不言請〔1〕出入罪人〔2〕，辭已定〔3〕，滿三日☑　　72EJC：288

【集注】

〔1〕證不言請：陳仲安（1979，286 頁）：簡文中的「言請」，意為申訴，在這裏應
　　當是申請更正。

　　　連劭名（1986，42 頁）：「證」，法律術語，泛指一切人證和物證，簡文中
　　的「證」當指人證。「請」，讀為情，指情實……「證不言請」是指在各類刑事
　　和民事案件中出庭作證，故意隱瞞真實情況，有意誣陷他人或為人開脫罪責，
　　均應受到懲處。

　　　高恆（1996，229 頁）：律文中的「證不言請」「不更言請」的「請」，即
　　「情」……「情」，指情實。當事人被審問時如不說實話，要負法律責任。《唐
　　律・詐偽》明確規定：「諸證不言情，反譯人詐偽，致罪有出入者，證人減二
　　等，譯人與同罪」。

　　　裘錫圭（1982A，52頁）：「言請」的「請」，過去多以為用作動詞，據此簡似應該讀為情實的「情」。「證不言請」意即作證不講實情。「不更言請」意即不變更故不以實的態度而言實情。

　　　李均明、劉軍（1999，50頁）：「證不言請」乃司法爰書常用語……「請」通「情」。「證不言請」指作證不說實情。

　　　今按，諸說是。「請」通「情」，證不言情即作證不講實情。

〔2〕出入罪人：陳仲安（1979，287頁）：「入罪」就是人本無罪而加之以罪，或本當輕罪而加以重罪；「出罪」就是人本有罪而縱免其罪，或本當重罪而予以輕罪。

　　　中國簡牘集成編輯委員會（2001H，218 頁）：為漢律重要條文與治罪理論。出，故意減罪，在律曰縱，故縱。《漢書·功臣表》：「出罪為故縱，入罪為不直。」後者即故意給人加罪，乃是為政不直不公，罪名稱故不直。

　　　謝桂華（2013，144頁）：出入罪，應連起來讀，乃是出罪和入罪的合成語……出罪，人本有罪而縱免其罪，或本當重罪而予以輕罪；入罪，人本無罪而加以重罪。

　　　冨谷至（2018，173頁）：「罪人」理應為「給人定罪」或「罪人」（被治罪的人），「出入罪人」還是應該理解成「不依律斷罪」。

　　　今按，諸說是。張家山漢簡《二年律令》簡110：「證不言請，以出入罪人者，死罪，黥為城旦舂；它各以其所出入罪反罪之。獄未鞫而更言請者，除。吏謹先以辨告證。」

〔3〕辭已定：高恆（1996，229頁）：「辭已定」，即將供辭錄為文書之後，也就是「傳爰書」。《漢書·張湯傳》：「傳爰書」。王先謙《補註》：「傳爰書者，傳因辭而著之文書」。以便三日以後「復問之，知與前辭同不也」。復問時，如仍不更改謊言，就要「以辭所出入罪反罪」。

　　　今按，說是。「辭已定」是說供辭已經確定。

肩水金關 73EJC

律令者議減死刑及可蠲除〔1〕約省者，令較然易智，條奏。《書》不云乎：「維刑之泚〔2〕。」「其審哀之。」務准古法，朕將盡心覽焉。　　　　　73EJC：291

【校釋】

「哀」尉侯凱（2017A，37 頁）認為當為「亥」。此心安處是吾鄉（簡帛網簡帛論壇 2016 年 8 月 28 日「《肩水金關漢簡（伍）》有關《詩》《書》的兩條記載」跟帖）指出「其審克之」見於《尚書·呂刑》，《漢書·刑法志》作「其審核之」者，因「克」「核」古音相近，以致異文。劉嬌（2018，286 頁）從其說，認為應將簡文「其審哀之」當作引《書》之文加以斷句標點。

今按，諸說多是。該字圖版作█，從字形來看，釋「哀」似不誤，但簡文相關內容又見於《漢書·刑法志》及《尚書·呂刑》，分別作「其審核之」和「其審克之」，則簡文「哀」字當為「亥」或「克」之書誤。

又第一行「易」字韓鵬飛（2019，1782 頁）作「易」。今按，該字作█形，似當作「易」。

【集注】

〔1〕躐除：廢除，免除。《史記·太史公自序》：「漢既初興，繼嗣不明，迎王踐祚，天下歸心；躐除肉刑，開通關梁，廣恩博施，厥稱太宗。」

〔2〕維刑之洫：尉侯凱（2017A，37 頁）：簡文記載的《尚書》「維刑之洫」，與《漢書·刑法志》所引《尚書》相同（洫、恤通用），均為古文《尚書》……今文《尚書》作「惟刑之謐」，《史記》採用今文，以訓詁字代經字，故作「惟刑之靜」。而古文則作「維刑之謐」，與今文有異。簡文與《漢書·刑法志》的記載，說明在漢成帝河平年間，古文、今文《尚書》已經並行於世，而且從漢成帝頒布的詔書使用古文《尚書》來看，古文《尚書》已被朝廷認可，地位得到很大的提高。

今按，其說或是。「洫」通「恤」。《漢書·刑法志》：「其與中二千石、二千石、博士及明習律令者議減死刑及可躐除約省者，令較然易知，條奏。《書》不云乎？『惟刑之恤哉！』其審核之，務準古法，朕將盡心覽焉。」顏師古注：「《虞書·舜典》之辭。恤，憂也，言當憂刑也。」

毋有居延韋絮縑帛，府下書禁，如縣索關有居延都尉　　　　　73EJC：292

☐北亭長章〔1〕敢言之：迺癸巳平旦時，驛北亭卒同〔2〕受　　　73EJC：293

【校釋】

簡首姚磊（2016G6）補「驛」。今按，補釋可從，但該字圖版幾無墨迹，當從整理者釋。

【集注】

〔1〕章：人名，當為驛北亭長。

〔2〕同：人名，為驛北亭卒。

☑……負錢三百博具錢〔1〕……猥言〔2〕霸〔3〕服負弩錢二百，非服居錢七十，
非塞所負博具錢

☑□收責，猥言霸貧，解何？　73EJC：295

【集注】

〔1〕博具錢：《漢書・五行志下之上》：「其夏，京師郡國民聚會里巷仟佰，設張博
　　具，歌舞祠西王母。」顏師古注：「博戲之具。」則博具錢當指買賣博具之錢。

〔2〕猥言：路方鴿（2013，25頁）：「猥言」即指胡說、言不符實。
　　　　　今按，說當是。

〔3〕霸：人名。

忠〔1〕謂恭〔2〕曰：稟已赦之候忠稟夜至莫昏，恭、輔〔3〕俱來送使者，來何
為壬寅入以行□□不　73EJC：296

【校釋】

　　「昏」原作「昬」，此統一作「昏」。

【集注】

〔1〕忠：人名。

〔2〕恭：人名。

〔3〕輔：人名。

☑□□同縣男子趙贛〔1〕等如牒，去年八月中，自言觻得長弘〔2〕為移書，至
今不決　73EJC：300

【集注】

〔1〕趙贛：人名。

〔2〕弘：人名，為觻得縣長。

☑二月己未下　73EJC：301

案程罪驗，毋令姦人久放縱，如律令。　　書以六月十八日甲午到

73EJC：302

【校釋】

　　該簡年代許名瑲（2016N）、（2018，334 頁），羅見今、關守義（2018，74 頁）均認為屬宣帝甘露四年。今按，諸說是。甘露四年即公元前 50 年。

☑河平三年五月癸丑〔1〕，橐他候福〔2〕移致☐☐卒

六月庚☐☑

☑都尉府

73EJC：312

【校釋】

　　第二行「庚」後一字許名瑲（2016O）、（2018，342 頁）補「申」。今按，補釋或可從，但該字圖版殘斷，不能確知，當從整理者釋。

【集注】

　〔1〕河平三年五月癸丑：河平，漢成帝劉驁年號。據徐錫祺（1997，1631 頁），河平三年五月戊子朔，廿六日癸丑，為公曆公元前 26 年 5 月 23 日。

　〔2〕福：人名，為橐他候。

遣就家糴得敬老〔1〕里孟☑　　　　　　　　73EJC：313A

張肩塞尉　　☐☑　　　　　　　　　　　　73EJC：313B

【集注】

　〔1〕敬老：里名，屬糴得縣。

☑☐願以米六十石付華〔1〕糴之，華即糴卅☑　　73EJC：314

【集注】

　〔1〕華：人名。

☑官酒泉會水候官，不知何馬二匹，駱〔1〕牝、齒四歲、久左脾〔2〕

73EJC：315

【集注】

　〔1〕駱：鬃尾黑色的白馬。《爾雅·釋畜》：「白馬黑鬣，駱。」

　〔2〕久左脾：劉釗（2011，348 頁）：「久」字即用為「灸」，指為牛烙印標誌。

今按，說是。「久」通「灸」，「脾」通「髀」。久左脾是說在左大腿打上烙印。

元始元年正月己未朔癸未〔1〕，西鄉嗇夫蔡〔2〕敢言之□□□

毋官獄徵事，當得以令取傳，謁移肩水金關、居□

正月癸未，氐池長良〔3〕移肩水金關、居□　　　　　　73EJC：316A

氐池長印　氐　丞　　　　　　　　嗇夫□□

二月丙午以來，北出。　出　出　丞　君門下□　　　73EJC：316B

【校釋】

　　B面「門下」原作「卿卩」，郭偉濤（2017C）、（2019，118頁）釋。

【集注】

〔1〕元始元年正月己未朔癸未：元始，漢平帝劉衎年號。據徐錫祺（1997，1683頁），元始元年正月己未朔，廿五日癸未，為公曆公元 1 年 3 月 8 日。

〔2〕蔡：人名，為西鄉嗇夫。

〔3〕良：人名，為氐池縣長。

□□□　一封　　　　　　　　　　　　　73EJC：321

□……繩　　　　　　　　　　　　　　73EJC：324

之之之之之□　　　　　　　　　　　　73EJC：326A

二年年　　□　　　　　　　　　　　　73EJC：326B

□言之：謹移部卒□□　　　　　　　　73EJC：327

八　　□　　　　　　　　　　　　　　73EJC：330

□□部吏妻子出入　　　　　　　　　　73EJC：331

□□里男子胡光〔1〕，自言為都尉庫令史

□年十三歲，毋官獄徵事，當得以令　　73EJC：341

【集注】

〔1〕胡光：人名，為申請傳者。

□河平五年二月戊寅朔□　　　　　　　73EJC：346

□候長忠〔1〕敢言之：府□□□府□□□□　　73EJC：347A

☑　掾光…☑　　　　　　　　　　　　　　　　　　　73EJC：347B

【集注】

〔1〕忠：人名，為候長。

元始四年九月庚午朔肩☑（竹簡）　　　　　　　　　73EJC：350

【校釋】

　　「九月」許名瑲（2016O）、（2018，342 頁）認為當為「五月」，原簡書誤。羅見今、關守義（2018，71 頁）亦認為原簡書誤。又「肩」字許名瑲（2016O）、（2018，343 頁）認為是「庚」字之訛，並於其後補「午」字。今按，其說或可從，但從圖版來看，「肩」字釋讀似不誤，且其後未見字迹。

☑皆受☐☐☑　　　　　　　　　　　　　　　　　　73EJC：353

☑因言謹☐☑　　　　　　　　　　　　　　　　　　73EJC：354A

☑☐☐☐☐☐☑

☑　十二月中☐☑　　　　　　　　　　　　　　　　73EJC：354B

　　　　……候……

☐☐

　　　　　……尉府　……　　　　　　　　　　　　73EJC：355

☑罪，敢言☑　　　　　　　　　　　　　　　　　　73EJC：356

☑守林隧以北肩水驛北亭☑　　　　　　　　　　　　73EJC：358

【校釋】

　　姚磊（2019F1）遙綴該簡和簡 72EJC：163。今按，兩簡不能直接拼合，暫不綴合作一簡。

☑利不平端，大司徒屬☑　　　　　　　　　　　　　73EJC：359

☑博〔1〕葆博為丞從史

☑過所縣道河津　　　　　　　　　　　　　　　　　73EJC：360

【集注】

〔1〕博：當為人名。

☑都尉吏☐掾任獄就逕

☑徵事，當得以令取傳，謁移過　　　　　　　　　73EJC：361

【校釋】

　　姚磊（2019A1）綴合簡 73EJT3：23 和該簡。今按，兩簡出土地點不一致，茬☐處不能吻合，恐不當綴合。

　　「吏☐掾任獄」張俊民（2019）作「夬曹掾何建」。今按，字多殘缺，不能確知，當從整理者釋。

☑使者當來恐　　　　　　　　　　　　　　　　　73EJC：365

☑張掖居延縣破羌，願與☐☑　　　　　　　　　　73EJC：366

中渡河溺亡，所持符☑

☐☐籍☑　　　　　　　　　　　　　　　73EJC：369A+672B

居延左尉印　　☑　　　　　　　　　　　73EJC：672A+369B

【校釋】

　　尉侯凱（2016B）、（2017B，354 頁）綴。

府卿明時黨有道☑　　　　　　　　　　　　　　73EJC：370

☑子卿足下　　☑　　　　　　　　　　　　　　73EJC：374

☑☐五尺八☑　　　　　　　　　　　　　　　　73EJC：375

東部候長☑　　　　　　　　　　　　　　　　　73EJC：376

御史夾輒言以為☑　　　　　　　　　　　　　　73EJC：379

宜禾假亭長慶禹出☑　　　　　　　　　　　　　73EJC：380A

☐☐亭長出武泉☑　　　　　　　　　　　　　　73EJC：380B

☑☐以入送錢☐解☐☐☑　　　　　　　　　　　73EJC：381

☐日羽　　☑　　　　　　　　　　　　　　　　73EJC：382A

☐　　☑　　　　　　　　　　　　　　　　　　73EJC：382A

☑率　百一十八人　　☑　　　　　　　　　　　73EJC：383

……☑　　　　　　　　　　　　　　　　　　　73EJC：384

☐張……☑　　　　　　　　　　　　　　　　　73EJC：385

☑☐非亡人命者，當得取傳☐☑

▨……▨	73EJC：387
▨……▨	73EJC：388
從界中出入▨	73EJC：389
▨□德　▨	73EJC：390
具移本▨	73EJC：392
▨此耳▨	73EJC：393
……▨	73EJC：396A
左□□□▨	73EJC：396B
▨□□□▨	73EJC：397A
▨□□□▨	73EJC：397B

▨□絣〔1〕一匹，直七百，以三月癸▨	73EJC：399

【集注】

〔1〕絣：《說文·糸部》：「絣，氐人殊縷布也。」段玉裁《注》曰：「《華陽國志》曰：武都郡有氐傁，殊縷布者，蓋殊其縷色而相閒織之也，絣之言駢也。」則絣為用不同顏色線所織的布。

▨……	73EJC：401
中部永光五年四月▨	73EJC：402
▨□漢曰□□▨	73EJC：404
▨……▨	73EJC：405A
▨□□□▨	73EJC：405B
□□　▨	73EJC：406
元始四年十月省□▨	73EJC：408

十月四日己巳，復傳出□　已移	73EJC：409

【校釋】

該簡年代許名瑲（2016N）、（2018，335頁）認為可能是宣帝元康二年（前64）或元帝建昭元年（前38），但無由判定何者確解。羅見今、關守義（2018，74頁）亦認為屬元康二年和建昭元年二者之一。今按，諸說是。該簡年份及月朔均缺，年屬不能確定。

・右除為執適〔1〕隧長及遣視☑ 73EJC：418

【集注】

〔1〕執適：隧名。

☑□毌食，吏毌以給 73EJC：423

☑卒居署〔1〕一歲。皆安□☑ 73EJC：433

【集注】

〔1〕居署：王子今（2004，119頁）：所謂「居署」，是說值勤於戍所。「署」亦專指
　　　崗位。

　　　魏學宏、侯宗輝（2017，112頁）：吏卒「家屬」的「居署」，可能是邊塞
　　戍守吏卒的「家屬」成員在接受政府廩食期間，根據屯戍需求，在官方的統一
　　組織下，部分家屬人員從「邑」「辟」私舍中到部塢亭隧等署所中參與塞防雜
　　役勞作的一種行為。從漢簡記載可知，戍守吏卒「家屬」的口糧均由國家按月
　　供給。

　　　冨谷至（2018，108頁）：居署是指在規定的工作場所工作，與出差、旅
　　行還有死亡等相對。

　　　今按，諸說是。「居署」當指在工作場所。另參簡73EJT30：28B「見署」
　　集注。

☑……☑

☑移過所，如律令。／掾忠〔1〕、臣令史☑ 73EJC：435

【集注】

〔1〕忠：人名，為掾。

令史蘇得〔1〕　　☑ 73EJC：436

【集注】

〔1〕蘇得：人名，為令史。

廣地士吏廣漢□刪刪丹廣漢〔1〕里陳文〔2〕受☑ 73EJC：437

【集注】

〔1〕廣漢：里名，屬刪丹縣。

〔2〕陳文：人名。

鴻嘉二□□月壬……

……   73EJC：442

☑□諸率部候、候丞輔宗〔1〕、亭吏偓〔2〕等，寫移，書☑

☑……律令。☑   73EJC：443

【集注】

〔1〕輔宗：輔和宗當分別為人名。

〔2〕偓：人名，為亭吏。

河平三年四月己未朔己巳〔1〕，張掖肩水都尉曼〔2〕、丞☑

亭乏候望，今遣塞曹史〔3〕禁〔4〕等循行舉吏☑

至今未敢更是以罰不得取致也，迫春月盡□☑   73EJC：444

【集注】

〔1〕河平三年四月己未朔己巳：河平，漢成帝劉驁年號。據徐錫祺（1997，1631

　　頁），河平三年四月己未朔，十一日己巳，為公曆公元前 26 年 5 月 10 日。

〔2〕曼：人名，為肩水都尉。

〔3〕塞曹史：陳夢家（1980，123 頁）：西漢時都尉府應已有塞曹史。《兩漢金石記》

　　十一「曹全碑碑陰」有塞曹史杜苗、吳產二人。《魏志・東夷傳》遼東帶方郡

　　有「塞曹掾史張政」。

　　　　今按，說是。塞曹為居塞邊郡特設的曹掾，據此簡，塞曹史可循行邊塞並

　　檢舉吏員。

〔4〕禁：人名，為塞曹史。

☑元三年四月乙酉朔辛亥，佐宣〔1〕敢言之：遣丞往☑

☑□河津關，毋苛留止，如律令，敢言之。　☑   73EJC：445A

　☑□城倉　☑   73EJC：445B

【校釋】

　　該簡年代許名瑲（2016O）、（2018，343 頁）認為屬初元三年。今按，其說是。
初元，漢元帝劉奭年號。據徐錫祺（1997，1591 頁），初元三年四月乙酉朔，廿七
日辛亥，為公曆公元前 46 年 6 月 6 日。

【集注】

〔1〕宣：人名，為佐。

……彊、守丞普〔1〕移卅井縣索、肩水金關：鱳得男子趙☒
橐他稽落〔2〕亭長犯法反不論，願以律取致籍，與家屬歸故縣，名如牒，書到，
入如律令☒　　　　　　　　　　　　　　　　　　　　　73EJC：448A+446A
☒　／掾宗〔3〕、守令史豐〔4〕　　　　　　　　　　　73EJC：448B+446B

【校釋】

　　姚磊（2019F3）綴，綴合後補釋 A 面第二行「致」字。A 面第二行「故縣」原
作「賤奴」，馮西西（2019），劉國勝、馮西西（2020，254 頁）釋。

【集注】

〔1〕普：人名，為守丞。
〔2〕稽落：亭名。
〔3〕宗：人名，為掾。
〔4〕豐：人名，為守令史。

☒業白　　☒
☒趙卿欲見張稚功〔1〕，今與業☒　　　　　　　　　　　73EJC：447A
☒☒即在河西，幸為傳一記☒
稚功往，幸甚幸甚☒　　　　　　　　　　　　　　　　　73EJC：447B

【集注】

〔1〕張稚功：人名。

☒☒移肩水金關、居延☒☒縣索關：助☒☒
☒☒書到，出入如律令。　　☒　　　　　　　　　　　　73EJC：449

敞〔1〕伏地言　　☒

……☑

……☑   73EJC：450A

☑利卿　　☑

孫子都〔2〕　　☑

韓子世〔3〕　　☑   73EJC：450B

【集注】

〔1〕敵：人名，為致信者。

〔2〕孫子都：人名。

〔3〕韓子世：人名。

☑☑☑足〔1〕遺安王〔2〕衣用。謹案，足毋

☑☑言之。

☑佐賀〔3〕   73EJC：451

【集注】

〔1〕足：人名，為申請傳者。

〔2〕安王：人名。

〔3〕賀：人名。

元鳳六年二月甲☑

令與尉丞對☑　　☑   73EJC：452

☑丙午，吏毋告☑   73EJC：463

☑☑☑☑　　二   73EJC：465

☑☑☑能即賢士問焉☑☑   73EJC：467

☑☑送使者如☑☑   73EJC：472

☑☑貸廿石　　☑   73EJC：473A

☑☑☑　　☑   73EJC：473B

☑☑二月……子京成子軋行冊☑   73EJC：474

☑即日嗇夫豐〔1〕發☑

☑門下　　☑   73EJC：480

【校釋】

　　B面「門下」原未釋，胡永鵬（2020，117頁）釋。

【集注】

〔1〕豐：人名，為嗇夫。

☑☑肩水司馬丞☑☑	73EJC：490
☑敢言之☑	73EJC：494
名捕楊循☑☑	73EJC：496
☑頗調給☑	73EJC：497

解何何☑☑　　　　　　　　　　　　73EJC：498

【校釋】

　　姚磊（2017H4）綴合簡73EJT24：908和該簡。今按，兩簡屬不同地方出土，無可密合的茬口，似不能綴合。

☑等同市　☑	73EJC：499
☑循　告☑	
☑之　得☑	73EJC：501
☑郵則年卅七☑	73EJC：503
☑……☑	
☑同生無少長皆棄☑	73EJC：504
☑☑名　☑	73EJC：505

☑之塞外，訒〔1〕踵迹出塞遮牛　　　　　73EJC：506

【集注】

〔1〕訒：人名。

☑言☑☑	73EJC：509A
☑☑發弩☑	73EJC：509B
☑☑張掖、酒泉郡	73EJC：511
☑☑書禹☑	73EJC：512A
☑☑☑廿九日☑	

☑□晦☑   73EJC：512B

☑□歲敢告尉☑   73EJC：515

崔毋官獄徵事，當爲傳，謁移過所縣邑，勿苛留☑   73EJC：517

☑出關籍□☑   73EJC：518

建昭三年三月丁巳朔庚辰〔1〕，肩水關嗇夫博〔2〕以小官印兼☑   73EJC：519

【集注】

〔1〕建昭三年三月丁巳朔庚辰：建昭，漢元帝劉奭年號。據徐錫祺（1997，1611
　　頁），建昭三年三月丁巳朔，廿四日庚辰，爲公曆公元前 38 年 5 月 13 日。

〔2〕博：人名，爲肩水關嗇夫。

☑掾奉世〔1〕、屬廣之〔2〕、給事佐萬年〔3〕。   73EJC：522

【集注】

〔1〕奉世：人名，爲掾。

〔2〕廣之：人名，爲屬。

〔3〕萬年：人名，爲給事佐。

☑候官，橐他士吏閻章〔1〕迎奉府，自言葆如牒，書到，出入如律☑

                                                          73EJC：523

【集注】

〔1〕閻章：人名，爲橐他士吏。

建昭二年正月甲午朔戊戌〔1〕，肩水關嗇以小官印行丞事……

□已出入出入金關　建昭   73EJC：525A

建昭二年三月癸巳朔壬戌〔2〕，……候□□□　……   73EJC：525B

【集注】

〔1〕建昭二年正月甲午朔戊戌：建昭，漢元帝劉奭年號。據徐錫祺（1997，1609
　　頁），建昭二年正月甲午朔，五日戊戌，爲公曆公元前 37 年 2 月 6 日。

〔2〕建昭二年三月癸巳朔壬戌：建昭，漢元帝劉奭年號。據徐錫祺（1997，1609
　　頁），建昭二年三月癸巳朔，卅日壬戌，爲公曆公元前 37 年 4 月 30 日。

定〔1〕從居延來，伏地再☑

請丈人……　　☑　　　　　　　　　　　　　　　73EJC：526A

伏地再拜地再拜☑

之之之之伏地再拜伏地☑（習字）　　　　　　　73EJC：526B

【集注】

〔1〕定：人名，為致信者。

卒史興〔1〕、妻大女桂〔2〕、從者同里王得〔3〕，願俱往遺衣用，乘所占用馬一

匹。・謹案，延壽〔4〕等毋官獄徵事，當

得取傳，里父老更生〔5〕等皆任延壽等。謁言廷，移過所縣邑門亭河津馬界關，

毋苛留止，如律令，敢言之。　　　　　　　　　73EJC：529A

章曰長丞安印

……　　　　　　　　　　　　　　　　　　　　73EJC：529B

【集注】

〔1〕興：人名，為卒史。

〔2〕桂：人名。

〔3〕王得：人名，為從史。

〔4〕延壽：人名，為申請傳者。

〔5〕更生：人名，為里父老。

☑長安金城〔1〕里程長實〔2〕　　☑　　　　　　73EJC：530A

☑氐池安樂〔3〕里公乘子☐☐☐☑　　　　　　　73EJC：530B

【集注】

〔1〕金城：里名，屬長安縣。

〔2〕程長實：人名。

〔3〕安樂：里名，屬氐池縣。

元康三年正月乙未朔戊申〔1〕，都鄉有秩嗇夫……☑

欲取傳，往遺衣用，與子男喜〔2〕、大奴富〔3〕、小奴吉〔4〕俱，乘馬二匹、車

二☑　　　　　　　　　　　　　　　　　　　　73EJC：531A

子男……☑

印曰陽陵左尉　二月乙酉入　☑ 　　　　　　　　73EJC：531B

【集注】

〔1〕元康三年正月乙未朔戊申：元康，漢宣帝劉詢年號。據徐錫祺（1997，1557頁），

　　元康三年正月乙未朔，十四日戊申，為公曆公元前63年3月4日。

〔2〕喜：人名。

〔3〕富：人名，為大奴。

〔4〕吉：人名，為小奴。

……令……　☐出入關☐☑ 　　　　　　　　73EJC：532

☑☐遣就家轉居延，名縣爵里年姓各如牒☑ 　　73EJC：534

酒四月甲寅病身朕〔1〕☑ 　　　　　　　　　　73EJC：538

【集注】

〔1〕朕：張再興、黃艷萍（2017，74頁）：從炅從月，當是「炅」的基礎上加義符

　　「月（肉）」構成的語境異體字。「炅」字讀作「熱」，文獻見《素問·舉痛論》：

　　「卒然而痛，的炅則痛立止。」王冰注：「炅，熱也。」漢簡中這種用法很常

　　見。

　　　　今按，其說當是。「朕」即「炅」，漢簡屢見「寒炅」之病。

☑都尉紀君欲輸穀小石☑ 　　　　　　　　　　73EJC：540

☑丁未，肩水候憲☐☐☐受

☑…… 　　　　　　　　　　　　　　　　　　73EJC：542A

☑欲轉表取表是始昌

☑凡少三石，幼伯〔1〕自言入 　　　　　　　　73EJC：542B

【校釋】

　　A面「受」前一字姚磊（2016G6）補「同」。今按，補釋或可從，但該字圖版

模糊不清，不能確知，當從整理者釋。

【集注】

〔1〕幼伯：人名。

☑拜受☑　　　　　　　　　　　　　　　　　　73EJC：545

☑　受肩水守塞尉並〔1〕所迎錢　　　　　　73EJC：547

【集注】

〔1〕並：人名，為肩水守塞尉。

張掖大☑　　　　　　　　　　　　　　　　　73EJC：548

移肩水金關、居☑
十月庚戌，鯀得長☑☑　　　　　　　　　　73EJC：549A
☑☑丞印☑　　　　　　　　　　　　　　　　73EJC：549B
☑☑☑驛北亭故吏偃☑
☑一牒，書實，敢言☑　　　　　　　　　　73EJC：551

☑☑☑田　☑　　　　　　　　　　　　　　　73EJC：553

【校釋】

　　「田」前一字秦鳳鶴（2018C，286頁）補「取」。今按，該字作形，恐非「取」，當從整理者釋。

☑移過所縣邑，毋何留☑☑
☑☑令，敢言之尉史，正月甲午☑　　　　　73EJC：555A
☑……☑
☑☑足下　☑　　　　　　　　　　　　　　　73EJC：555B

南陽郡穰邑〔1〕重光〔2〕里朱嘉☑　　　　73EJC：556A
它毋所報，甚☑☑　　　　　　　　　　　　73EJC：556B

【集注】

〔1〕穰邑：鄭威（2015，224頁）：《漢志》南陽郡有穰縣，地在今河南鄧州市市區小東門外賈莊一帶，據簡文可知曾為邑。

　　　今按，說是。穰邑屬南陽郡。《漢書·地理志上》：「穰，莽曰農穰。」顏師古注曰：「今鄧州穰縣是也。」

〔2〕重光：里名，屬穰邑。

……☑   73EJC：558A

……☑   73EJC：558B

☑☑☑　☑   73EJC：564

綏和☑年☑☑

☑☑關嗇夫☑   73EJC：567A

令　☑   73EJC：567B

☑卒擊☑☑正　☑   73EJC：574

☑☑寒不利☑☑   73EJC：576

☑……叩頭叩頭幸甚，甲戌二千四百……

☑……（削衣）   73EJC：582

☑☑　☑☑☑☑（削衣）   73EJC：583

☑☑隧守衙〔1〕具☑☑（削衣）   73EJC：584

【集注】

〔1〕守衙：賀昌群（2003A，111 頁）：「御」本通「禦」，又作「衙」。《北海相景君銘》：強衙改節，《隸釋》云：以衙為禦。《周禮・田仆》注：衙還之使不出圍，《釋文》云：衙又作御，同禦，本通御，故亦借衙。《詩・谷風》：亦以御冬。傳云：御，禦也。足證御可通禦，漢時猶存古寫也。

今按，其說是。朱駿聲《說文通訓定聲・豫部》：「衙，叚借為御。」「衙」通「御」，守衙即守御。

☑☑如教，叩頭☑☑   73EJC：586A

☑……☑

☑☑迫王仲☑☑☑   73EJC：586B

【校釋】

A 面簡末未釋字徐佳文（2017A）補釋「言」。今按，該字圖版殘斷，不能確知，當從整理者釋。

建始元年七月癸酉〔1〕，肩水關嗇夫賞〔2〕以小官印行候事，移橐他、廣地   73EJC：589

候官：案丞相板詔令第五十三，過塞津關，獨以傳、致籍出入   73EJC：590

【校釋】

以上兩簡郭偉濤（2017A，248 頁）認為皆為單札，長寬相同，筆迹墨色相似，文意相接，當可編連。據該文書，關嗇夫賞以行候事的身份移書橐他、廣地候官，涉及通關證件手續問題。今按，其說當是。以上兩簡當屬同一簡冊，可編連。

又簡 73EJC：590「第」韓鵬飛（2019，1797 頁）作「弟」。今按，該字作 **弟** 形，據字形當為「弟」。但漢簡中「第」「弟」的使用常存在混同的情況，暫從整理者釋。

【集注】

〔1〕建始元年七月癸酉：建始，漢成帝劉驁年號。據徐錫祺（1997，1620 頁），建
　　始元年七月壬戌朔，十二日癸酉，為公曆公元前 32 年 8 月 13 日。

〔2〕賞：人名，為關嗇夫。

子佋〔1〕居家故字為誰踈予便君它所飲者，輒輒言
名貤〔2〕字元夫　　　　　　　　　　　　　　　73EJC：592A
證房報子都〔3〕舍何緩急，得毋有病瘦者欲干遣
令史之長房子都、子佋數事言子□遣，不相為之　73EJC：592B

【集注】

〔1〕子佋：人名。

〔2〕貤：人名，字元夫。

〔3〕子都：人名。

憐振給賞〔1〕思不可梁德不可勝，陳賞又遠為吏，居窮處，伏自念元未有可復思
　　　　　　　　　　　　　　　　　　　　　　73EJC：593

【校釋】

「憐」字張再興、黃艷萍（2017，75 頁）疑為「哀憐」之合寫。今按，說可從，該字圖版作 **㤅**，左部為心，右部上衣下心。

【集注】

〔1〕賞：人名，即後文陳賞。

金關下候史王君伯〔1〕多請肆中〔2〕丈人（上）
博叩頭叩頭，頃闊久不以時致問，得毋有它急，博叩頭叩頭□□☑

居窮邊塞，元毋禮物至諸丈人前，博叩頭叩頭，謹（下）　　　73EJC：599A

冤死過往來者，屬屬，願數賜記，令博奉毋恙，博叩頭叩頭，幸甚，記報鑠得

利革肆中丈人王細公、李方、王幼君、累游君、綦毋君、上張子高、綦毋子

侯、魯稚文〔3〕☒　　　　　　　　　　　　　　　　　　　73EJC：599B

【集注】

〔1〕王君伯：人名，為致信者，或即下文博，君伯為其字。

〔2〕肆中：「肆」為作坊。《論語·子張》：「百工居肆以成其事。」也指店鋪。《後

漢書·王充傳》：「家貧無書。常游洛陽市肆，閱所賣書。」則該簡「肆中」當

指作坊或店鋪之中。

〔3〕王細公、李方、王幼君、累游君、綦毋君、上張子高、綦毋子侯、魯稚文：均

當為作坊或店鋪中丈人的名字。

（圖畫）　　　　　　　　　　　　　　　　　　　　　　73EJC：601A

（圖畫）　　　　　　　　　　　　　　　　　　　　　　73EJC：601B

……（習字）　　　　　　　　　　　　　　　　　　　73EJC：602A

……（習字）　　　　　　　　　　　　　　　　　　　73EJC：602B

建始元年九月辛酉朔辛酉〔1〕，樂昌〔2〕隧長輔〔3〕敢言之：謹

移卒稟鹽名籍一編，敢言之。　　　　　　　　　　　　73EJC：603

【集注】

〔1〕建始元年九月辛酉朔辛酉：建始，漢成帝劉驁年號。據徐錫祺（1997，1620

頁），建始元年九月辛酉朔，為公曆公元前32年9月30日。

〔2〕樂昌：隧名。

〔3〕輔：人名，為樂昌隧長。

十一月己卯，肩水士吏順〔1〕以私印兼行候事，下尉、士吏順、東部候長遷〔2〕

等，承書從事，

下當用者，如詔書。　　　　　　　　　　　　　　　　73EJC：604

【校釋】

　　第一行「遷」字秦鳳鶴（2018C，286頁）釋作「還」。今按，該字作 ⿰ 形，

從字形不易辨別，暫從整理者釋。

【集注】

〔1〕順：人名，為肩水士吏。

〔2〕遷：人名，為東部候長。

候　追蘭入迹	73EJC：606
建昭昭建始始謹伏地　　☑	73EJC：619A
行慎伏伏地再拜☑	73EJC：619B
□□	73EJC：620A
□□	73EJC：620B
☑……☑	73EJC：622
☑□前□	73EJC：624
今日歲不耐發可□□□居延之使□（竹簡）	73EJC：625
……	73EJC：627
☑　亥朔甲寅□□☑	73EJC：629
令應應	
令應令	
已令	73EJC：633
乘所占用馬二匹，當舍傳舍，從者如律令☑	73EJC：640A
居延都尉章　☑	73EJC：640B
☑橐他　丿丿☑	73EJC：641A
☑□卯入	73EJC：641B
☑□年五十三　☑	73EJC：646
☑□年卅歲，自言□□為家	73EJC：648
十一月戊午朔壬申，氐池長東〔1〕里□☑	73EJC：651

【校釋】

　　該簡年屬許名瑲（2016N）、（2018，335頁）推擬為成帝元延二年（前11），且認為新莽始建國天鳳三年（16）或光武建武廿三年（47）可為參考年代。羅見今、關守義（2018，74頁）則認為屬元延二年或天鳳三年。今按，諸說是。

【集注】

〔1〕長東：里名，屬氐池縣。

☑☑☑☑☑朔丙辰，南部候長長〔1〕敢言之：謹移妻子葆

☑敢言之。　　　　　　　　　　　　　　　　　　　73EJC：653

【集注】

〔1〕長：人名，為南部候長。

五鳳四年七月庚午朔乙未〔1〕，南鄉有秩☑、佐偉〔2〕敢告尉史……☑

　　　　　　　　　　　　　　　　　　　　　　73EJC：654A

章曰平陵丞印　　☑　　　　　　　　　　　　73EJC：654B

【集注】

〔1〕五鳳四年七月庚午朔乙未：五鳳，漢宣帝劉詢年號。據徐錫祺（1997，1576
　　頁），五鳳四年七月庚午朔，廿六日乙未，為公曆公元前 54 年 8 月 31 日。

〔2〕偉：人名，為南鄉佐。

元始元年五月丁巳朔乙丑〔1〕☑

從事，如律令。☑　　　　　　　　　　　　　73EJC：655

【集注】

〔1〕元始元年五月丁巳朔乙丑：元始，漢平帝劉衎年號。據徐錫祺（1997，1683），
　　元始元年五月丁巳朔，九日乙丑，為公曆公元 1 年 6 月 18 日。

☑☑☑☑☑見☑☑☑☑令史候楊君未曾以貸章軸鐵召責蒙楊君☑

☑☑章到格☑去☑☑☑☑陵證所言，如爰書，敢言之　☑　73EJC：656+664

【校釋】

　　林宏明（2016C）綴。第二行「書」原簡 73EJC：664 作「者」，綴合後釋。

☑朔壬申，守尉史代〔1〕敢言之：謹遣☑

☑輜車一乘，謁移過所縣道金關津☑（削衣）　　73EJC：665

【集注】

〔1〕代：人名，為守尉史。

五月丁丑官告☑　　　　　　　　　　　　　　73EJC：667

☑☑守☑☑　　　　　　　　　　　　　　　　73EJC：670

☑徐卿自☐至亭☑　　　　　　　　　　　　　73EJC：675

君華當不以此誤都君☐到☐☐☑

……☑　　　　　　　　　　　　　　　　　73EJC：677

☑李子恩☑（削衣）　　　　　　　　　　　73EJC：678

惶恐〔1〕叩頭言守府，謹移☑　　　　　　　73EJC：679

【集注】

〔1〕惶恐：馬怡（2008，182 頁）：「惶恐」，漢代文書常用語，見於寫給上級官府
　　或尊長的文書。

　　　　今按，其說是。

☑甘露二☑

☑……☑　　　　　　　　　　　　　　　　73EJC：680

肩水大灣 72EDAC

（圖畫）　　　　　　　　　　　　　　　　72EDAC：1A

（圖畫）　　　　　　　　　　　　　　　　72EDAC：1B

☑墾田課☑　　　　　　　　　　　　　　　72EDAC：2

☑張掖☐☐☑　　　　　　　　　　　　　　72EDAC：5

居延查科爾帖 72ECC

　　　　　　　　　／白其意，倉卒財因至入

☑☐廿八具記，晃〔1〕叩頭言

　　　　　　　致記不一└二，叩頭

☑　　陳伯君〔2〕

☑始執事煩勞私務，不相見邑邑一日雖得　　　72ECC：1A+2A

☑時眾不盡所懷惡惡，各別甚恨，如何去即六日

☑眾力毋它，悉安，隱思南相從槀於道里，不得驅

☑服持槀，以用白槀一斤，雜胡麻得卅，張以盡今未能有

☑☐有北書復得傳槀束，厚厚，因白殊毋弓刀☐☐還宜　　72ECC：1B+2B

【校釋】

　　B面第一行「惡」韓鵬飛（2019，1804頁）作「蒠」。今按，該字作[圖]形，為漢簡中「惡」字普遍寫法。又末行「□□」韓鵬飛（2019，1804頁）作「百石」。今按，說或是。

【集注】

〔1〕晃：人名，為致信者。

〔2〕陳伯君：人名。

可六月當竟今年二月十九日	72ECC：4
☑欲於河豐捕魚，持車一兩，牛二頭、黃閒	72ECC：7
☑□□□□慶史氾□　☑	72ECC：8A
☑此□□□□書作　☑	72ECC：8B

月三日具書，送事……服居居□

月　　月　　月

……　　　　　　　　　　　　　　　　　　　　72ECC：9A

十五數……五月不負

月……

時相從□□□□□乎不當……□卿　　　　　　72ECC：9B

☑　鞠決三年三月十六日到□☑　　　　　　　72ECC：10

☑□□□□☑

☑　□□道峀刃盡記銍〔1〕賈請犁☑

☑後洒往□□不以□異□心而已重□☑　　　　72ECC：14A

　　　　　　　　　　　　　　　使□☑

十一月廿八日具記，重卿〔2〕與言　為□☑

　　　　　　　　　　　　　　　厚□☑

……　　　　　　　　　　　　　　　　　　　72ECC：14B

【集注】

〔1〕銍：即鐮刀。《說文・金部》：「銍，穫禾短鐮也。」《急就篇》：「鈐鏟鉤銍斧鑿鉏。」顏師古注：「銍，刈黍短鐮也。」

〔2〕重卿：人名。

☑事起居平善，不為□☑　　　　　　　　72ECC：15A

☑□□□□□　　☑　　　　　　　　　　72ECC：15B

☑□衙什物持易榻故敝改席薦☑　　　　　72ECC：16

☑檄言乘累山〔1〕遂☑　　　　　　　　72ECC：18

【集注】

〔1〕累山：隧名。

☑……☑

☑上□☑　　　　　　　　　　　　　　　72ECC：21

☑□事為毋　　　　　　　　　　　　　　72ECC：24

□□□☑

□封面□☑

□□□田☑　　　　　　　　　　　　　　72ECC：25

☑□罪若實，報舍☑　　　　　　　　　　72ECC：26

☑　□□□□□□☑　　　　　　　　　　72ECC：29

☑□□□□□謹迎送□☑

☑□七匹　　☑

☑□書佐安生〔1〕乘牛一　　☑　　　　72ECC：30A

☑□□□□□□樹☑

☑……☑

☑……☑　　　　　　　　　　　　　　　72ECC：30B

【集注】

〔1〕安生：人名，為書佐。

……　　　　　　　　　　　　　　　　　72ECC：31

☑拜叩頭＝　☑　　　　　　　　　　　　72ECC：41

☑□□足下慎□□☑　　　　　　　　　　72ECC：42A

☑□入願請小□□□□☑　　　　　　　　72ECC：42B

☑□七月戊午朔戊寅☑　　　　　　　　　72ECC：43

【校釋】

該簡年屬許名瑲（2016N）、（2018，336 頁），羅見今、關守義（2018，75 頁）均認為是成帝陽朔四年。今按，說是。陽朔四年即公元前 21 年。

☐……☐　　　　　　　　　　　　　　　　　　　　72ECC：44

☐二萬當載入☐☐　　　　　　　　　　　　　　　72ECC：45

☐☐☐☐

白　☐

☐☐☐☐☐　　　　　　　　　　　　　　　　　　72ECC：46A

☐☐☐☐☐☐　　　　　　　　　　　　　　　　　72ECC：46B

☐☐　☐

☐衡弓膠〔1〕☐　　　　　　　　　　　　　　　72ECC：47

【集注】

〔1〕弓膠：當指黏合弓幹的膠。《史記·田敬仲完世家》：「淳于髡曰：『弓膠昔幹，所以為合也，然而不能傅合疏罅。』」司馬貞《索隱》：「昔，久舊也。幹，弓幹也。徐廣又曰一作『乾』。《考工記》作『枡幹』，則枡昔音相近。言作弓之法，以膠被昔幹而納諸檠中，則是以勢令合耳。」

☐☐☐日官下☐☐

☐☐謹謹問起☐☐　　　　　　　　　　　　　　72ECC：48A

☐☐致門下　☐

☐☐具次璽☐　　　　　　　　　　　　　　　　72ECC：48B

☐蘭一具入☐　　　　　　　　　　　　　　　　72ECC：49A

☐☐九斗超☐　　　　　　　　　　　　　　　　72ECC：49B

☐☐☐☐☐☐　　　　　　　　　　　　　　　　72ECC：52

☐弛刑五人前令弛刑受　　　　　　　　　　　　72ECC：53

☐☐次言次☐　　　　　　　　　　　　　　　　72ECC：54A

☐ ∫ ☐　　　　　　　　　　　　　　　　　　　72ECC：54B

☐☐在所　　　　　　　　　　　　　　　　　　72ECC：58

☐毋使者☐☐☐　　　　　　　　　　　　　　　72ECC：60A

☐……　　　　　　　　　　　　　　　　　　　72ECC：60B

☑報治民　　　　　　　　　　　　　　　72ECC：62

☑□□酉省　　　　　　　　　　　　　　72ECC：64A

☑□□□□　　　　　　　　　　　　　　72ECC：64B

☑□□誠□☑　　　　　　　　　　　　　72ECC：65

☑趙伯☑　　　　　　　　　　　　　　　72ECC：66

☑年四月十二☑　　　　　　　　　　　　72ECC：67

取受□

□□☑　　　　　　　　　　　　　　　　72ECC：68

☑不肯　　☑　　　　　　　　　　　　　72ECC：69

☑□

☑　　　　　　伏伏伏☑

☑□□□□☑　　　　　　　　　　　　　72ECC：71

☑相見邑邑迫春☑

☑□□□□□☑　　　　　　　　　　　　72ECC：72

王勝〔1〕謹□☑　　　　　　　　　　　　72ECC：73

【集注】

　〔1〕王勝：人名。

☑□□□□元產世長☑　　　　　　　　　72ECC：74+80

☑□不勉力專☑　　　　　　　　　　　　72ECC：75

☑羌從事〔1〕印九月☑　　　　　　　　　72ECC：76

【集注】

　〔1〕羌從事：或指護羌從事。《後漢書・西羌傳》：「建康元年春，護羌從事馬玄遂
　　　為諸羌所誘，將羌眾亡出塞，領護羌校尉衛瑤追擊玄等，斬首八百餘級，得牛
　　　馬羊二十餘萬頭。」

☑溫□☑　　　　　　　　　　　　　　　72ECC：77

☑弛刑受居☑　　　　　　　　　　　　　72ECC：78

☑八月戊☑　　　　　　　　　　　　　　72ECC：79

☑凡□不□☑   72ECC：81

【校釋】

「凡」下一字秦鳳鶴（2018C，287 頁）釋作「情」。今按，該字作 ▨ 形，左部磨滅，釋「情」恐非。

□□□☑
封發☑（原誤綴）   72ECC：82
☑來前☑   72ECC：83A
☑□□☑
☑候來☑   72ECC：83B

居延地灣 72EDIC

居延二年田占〔1〕五百餘家，田四百餘頃☑
今年田占三百餘家，田五百餘頃   ☑   72EDIC：3

【集注】

〔1〕田占：漢簡傳文書中屢見「占田」一詞，如「自言以令占田居延」（73EJT37：
    871），「占田」意或同「客田」，即外地人到居延取得一定田地耕種。「占」義
    為「評估，估計」。「田占」或是說對客田的人家進行估計。

大守大守大守守守守守令史☑
守守守大守守守☑（習字）   72EDIC：4A
簿簿簿簿簿簿簿簿受簿簿☑
關嗇夫賞關嗇夫賞簿夫簿賞錢簿☑
關奉拜起大守簿楊簿簿簿☑（習字）   72EDIC：4B
□☑
□☑   72EDIC：6
☑   □☑   72EDIC：7
☑□□□封武□ 都尉   72EDIC：8
候長千☑   72EDIC：10

☑助府佐樊戎〔1〕 對會☑   72EDIC：11

【集注】

〔1〕樊戎：人名。

☑□狀故言府一事　☑	72EDIC：12
☑敢告尉史□☑	
☑謁移道所縣☑	72EDIC：13
□□□幸□□□☑	72EDIC：17A
□□□幸甚□□☑	72EDIC：17B
☑死罪死罪☑	72EDIC：18
☑　坐□☑	72EDIC：19
□□□☑（削衣）	72EDIC：20
・右夏禁☑	72EDIC：22

居延布肯托尼 72EBS7C　72EBS9C

五鳳四年十二月丁酉朔甲子，佐安世敢言之：遣第一亭長護眾逐命張掖、酒泉、敦煌、武威、金城郡中，與從者安樂里齊赦之，

乘所占用馬一匹、輻車一乘，謁移過所縣道河津金關，勿苛留，如律令，敢言之。

十二月甲子，居延令弘、丞移過所，如律令。／令史可置、佐安世。　正月己卯入。

（此簡 A 面另誤置於 73EJT31：66 處，原簡圖版和釋文缺佚）72EBS7C：1A	
（塗抹）	72EBS7C：1B

牒書與能不宜其官〔1〕，換徙十三人。

始建國五年二月庚戌朔乙亥〔2〕，張掖延城試守騎司馬佝〔3〕以近秩次行大尉文書事，

丞　謂三十井聽書從事，如律令。	72EBS7C：2A
掾宏〔4〕、兼史詡〔5〕、書吏隆〔6〕。	72EBS7C：2B

【集注】

〔1〕能不宜其官：勞榦（1984，14 頁）：所說的「能不宜其官」，那就代表不同的意義。用這個「能」字，雖然表示還有能力，可是這個能力，並不宜做士吏，

所以調換為候長。候長雖與士吏同級，但公文中習稱「士吏候長」，士吏在候長以前，由士吏調為候長，便多少有左遷的含義。

中國簡牘集成編輯委員會（2001H，34頁）：能力不適宜其職務。官吏考核習用語，一般需進行職位調換。漢代考核官吏一般有行、能兩方面，前者指品行、修養；而能，指能力。

邢義田（2011E，546頁）：此處之「能」應即文獻中常見「以為能」之「能」或「能吏」之「能」。「能」是漢代官吏考課的重要術語，用以肯定官吏在職務上的表現，絕不是說其能力不稱其職。為何不宜其官，並沒有交待出來。

今按，「能不宜其官」的「能」應當如勞榦和邢義田所說，是指有能力，但是不適宜其職位。中國集成編輯委員會將其和「不宜其官」連讀，解釋為能力不適宜其職務恐怕不是很妥當。

〔2〕始建國五年二月庚戌朔乙亥：始建國，王莽年號。據徐錫祺（1997，1707頁），始建國五年二月庚戌朔，廿六日乙亥，為公曆公元13年2月25日。

〔3〕佝：人名，為延城試守騎司馬。

〔4〕宏：人名，為掾。

〔5〕詡：人名，為兼史。

〔6〕隆：人名，為書吏。

□□□　□▨	72EBS7C：3
▨罷，敢言之	72EBS9C：1
▨朔廿九日乙巳，關亭▨	72EBS9C：2A
▨塢不任用，案□▨	72EBS9C：2B
▨入絕或二十日至眾，願財歸邑	72EBS9C：4B+3A
▨□眾叩頭死罪，敢言之，當	72EBS9C：4A+3B
▨